한자 어휘 학습으로
초등 과학 교과서
개념 쏙쏙 익히기
한쏙 과학
6학년
KB146720

좋은 책이 출판되었다. 반갑다. 교사로서 학생들을 가르치는 데 이런 책이 필요하다는 생각을 예전부터 해 왔었다. 한자 어휘를 모르고 과학 개념을 외우기 중심으로 공부해 온 초등학생들에게 큰 도움이 될 것이다.

교과서 한자 어휘 익히기 뿐만 아니라, 여러 출판사의 검인정 교과서 분석을 통해 공통적인 핵심 내용을 잘 정리해 준 책이다. 또 교과서 내용 알아보기에 그치지 않고 평가 문항을 통한 확인 과정까지 이어지는 짜임이 잘 된 책이다.

강 옥 초등학교 교장(인천광역시)

여러 가지 한계와 사정으로 학교에서 다루기 힘든 교과서 한자 지도를, 학생들이 자기 주도적으로 잘할 수 있게 구성된 매우 의미있는 책이다. 학생과 학부모에게 이 책으로 공부해 보길 적극 추천한다.

김영숙 초등학교 학부모(서울특별시)

오래전부터 학생들의 어휘력 부족 문제가 우리 사회의 큰 관심거리가 되었다. 한자를 배워본 적이 없는 학생들에게 과학 개념과 관련된 어휘는 큰 산이 되었다. 이 책을 통해 초등 과학 교과서에 나오는 개념 관련 어휘의 산을 쉽게 넘을 수 있게 될 것이다.

김복현 초등학교 교장(광주광역시)

꼭 필요한 좋은 책을 만들어 준 필자에게 감사드린다. 책꽂이에 두고 교과서 진도에 맞추어 한 단원씩 공부해 나가기 참 좋은 책이다. 특히 한자를 익히는 것에 중심을 두지 않고 동화책처럼 여러 번 반복에서 읽는 것만으로도 큰 학습효과가 있겠다.

배유리 초등학생 학부모(충청남도)

수학에서 이등(二等)변 삼각(三角)형을 가르칠 때 '이등변은 똑같은 변이 2개고, 삼각형은 각이 세 개다.'의 형태로 가르쳐서 효과를 본 기억이 있다. 초등학생이 한자 어휘를 먼저 알고 공부하는 방법은 확실히 효과적이다.

고성용 초등학교 교사(전라남도)

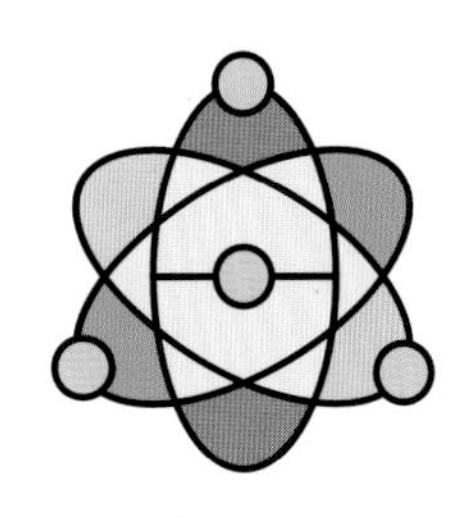
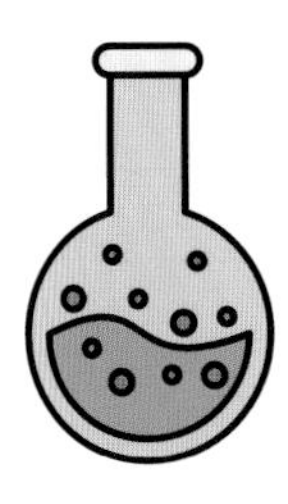

한자 어휘 학습으로
초등 과학 교과서
개념 쏙쏙 익히기
한쏙 과학
6학년

6학년

6학년

초판 인쇄일 2024년 3월 2일
초판 발행일 2024년 3월 12일

지은이 박병진
발행인 김영숙
신고번호 제2022-000078호
발행처 북장단
주소 (10881) 경기도 파주시 회동길 445-4(문발동 638) 408호
전화 031)955-9221~5 팩스 031)955-9220
인스타그램 @ddbeatbooks 메일 ddbeatbooks@gmail.com

기획 · 진행 북장단편집부
디자인 김보리
영업마케팅 김준범, 서지영
ISBN 979-11-983182-7-5
정가 13,000원

＊ 북장단은 도서출판 혜지원의 임프린트입니다. 북장단은 소중한 원고의 투고를 항상 기다리고 있습니다.

1. 제조자 북장단
2. 주소 경기도 파주시 회동길 445-4 408호
3. 전화번호 031-955-9224
4. 제조년월 2024년 3월 2일
5. 제조국 대한민국
6. 사용연령 8세 이상

사용상 주의사항
• 종이에 긁히거나 손이 베이지 않도록 주의하세요.
• 제품을 입에 넣거나 빨지 않도록 주의하세요.
• KC마크는 이 제품이 공통안전기준에 적합하였음을 의미합니다.

한자 어휘 학습으로
초등 과학 교과서
개념 쏙쏙 익히기
한쏙 과학
박병진 지음
6학년
북장단

수업을 오랫동안 한 선생님들은 '이렇게 가르치면 학생들이 쉽게 이해한다'라는 노하우가 생깁니다. 저 역시 초등학교 과학 교사로서 수십 년 동안 아이들을 가르치며 얻은 노하우가 있습니다. 바로 '아이들에게 단어의 한자를 함께 가르치면 과학적 개념을 아주 쉽게 이해한다'라는 것입니다.

초등학교 6학년 과학에서 지구와 달을 공부하는 경우의 예를 들어 봅시다. 지구의 자전(自轉)에서 자(自)는 자기 스스로라는 뜻의 '스스로 자'이고, 전(轉)은 돌린다는 뜻의 '돌릴 전'임을 먼저 공부합니다. 이를 통해 지구의 자전이란 지구가 스스로 돌고 있다는 말인 것을 쉽게 이해하게 됩니다.

또 달의 여러 가지 모양을 공부할 때, 상현달과 하현달은 늘 헷갈리는 개념입니다. 그러나 상현(上弦)에서 상(上)은 위를 뜻하는 '위 상'이고, 현(弦)은 '활시위 현'임을 알게 하면, 상현달은 화살을 위로 쏘는 모습임을 자연스럽게 연상할 수 있습니다. 반대로 하현달이라는 이름에서는 아래로 향하는 활시위 모양을 쉽게 떠올릴 수 있게 됩니다.

식물을 공부할 때도 한자 어휘 학습은 큰 도움이 됩니다. 세포의 핵에서 핵(核)이 '씨 핵'이라는 것과, 식물의 뿌리가 하는 흡수(吸收) 작용에서 흡(吸)은 빨아들여 마신다는 뜻의 '마실 흡'이고, 수(水)는 '물 수'임을 먼저 알게 하는 것이 중요합니다.

또 광합성 작용에서 광(光)은 '빛 광'이고, 합(合)은 합한다는 뜻의 '합할 합'이며, 성(成)은 만든다는 뜻의 '이룰 성'이라는 것을 알면, 광합성(光合成)이 '빛과 여러 가지가 합쳐져 무엇(양분)을 만드는 것'임을 잘 이해하게 됩니다. 그리고 애써 외우지 않아도 잊지 않게 됩니다.

아이들은 '지표'니 '침식'이니, '운반'이니 '퇴적'이니, '물체'니 '물질'이니 하는 말들을 잘 이해하지 못합니다. 처음 듣기도 했고, 한자를 같이 익히면서 뜻을 이해하지 않고 단순 암기만 하기 때문이죠. 하지만 한자를 같이 익히면 뜻풀이를 통해 문해력을 키울 수 있고, 과학적 개념을 보다 쉽게 이해할 수도 있습니다. 자연스럽게 어휘력은 풍부해지고 과학적 상상력은 커집니다.

한자 뜻풀이를 이용한 과학 개념 학습에 관심을 두면서, 이와 유사한 학습지를 모두 찾아보았습니다. 거의 모든 책들이 큰 한계가 있었습니다. 한자를 다루고 있어도 단순히 한자를 익히는 정도에 그치고 있었습니다. 그래서 이 책을 쓰게 되었습니다.

이 책을 통해 아이들은 한자를 익히며 교과서 과학 공부를 재미있게 하게 될 것입니다. 또한 학습한 지식을 문제를 통해 복습하면서 자기 것으로 만들 수 있을 것입니다. 책을 보는 아이들이 어휘력과 상상력을 키워 훌륭한 인재로 자라나길 바랍니다.

저자 박병진

이 책은 과학 교과서의 한자어를 쉽게 익힐 수 있도록 구성되어 있어요!

한쏙 어휘 1-1

6학년 1학기

자전, 공전

自轉, 公轉

자전거를 타 본 적이 있나요?

자전거는 한자로 自轉車(자전거)라고 씁니다.
여기에서
자(自)는 자기 스스로라는 뜻이며 '스스로 자'입니다.
전(轉)은 돌린다는 뜻으로 '돌릴 전'입니다.
거(車)는 수레를 뜻하며, '수레 거'입니다.

그러므로 자전거는 사람이 자기 스스로 바퀴를 돌리는 수레라는 뜻입니다.

우리가 사는 지구는 하루에 한 바퀴씩 자기 스스로 도는 특징이 있습니다.
그래서 지구는 자전한다고 합니다.

14 한자 어휘 학습으로 초등 과학 교과서 개념 쏙쏙 익히기 한쏙과학

1 초등학생이 꼭 알아야 할 교과 연계 필수 과학 용어를 매일 하나씩 배울 수 있어요.

2 과학 용어를 개념부터 어휘까지 일상 속 상황을 통해 친밀하게 만나 보아요.

산소는 한자로 酸素(산소)라고 씁니다.

산소(酸素)에서
산(酸)은 신맛을 나게 한다는 뜻으로 '실 산'입니다.
소(素)는 본래의 성질을 뜻하며 '본디 소'입니다.

그러므로 산소는 '신맛이 나게 하는 성질이 있다'는 뜻입니다.

한자로 산소(酸素)는 신맛이 나게 하는 성질이 있다는 뜻입니다.

산소(酸素)를 한자로 쓰고 소리를 내어 읽어 봅시다.

酸 素

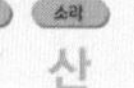
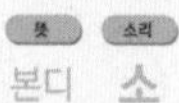

실 산 본디 소

38 한자 어휘 학습으로 초등 과학 교과서 개념 쏙쏙 익히기 한쏙과학

3 앞에서 배운 용어를 각 한자마다 뜻(훈)과 소리(음)를 알고 전체적인 뜻을 배워요.

4 한자의 뜻과 소리를 입으로 말해 보면서 모양을 익혀 봅니다.

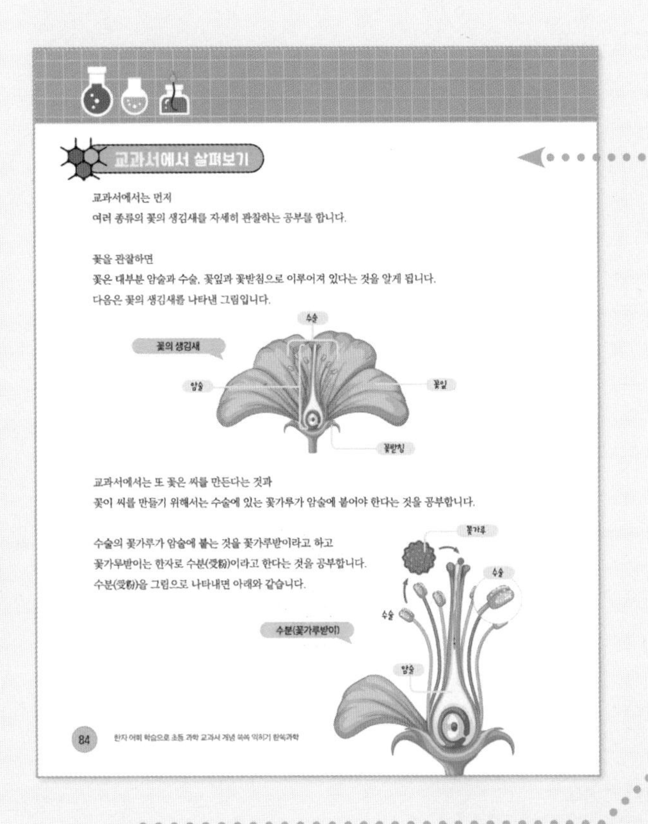

교과서에서 살펴보기

교과서에서는 먼저
여러 종류의 꽃의 생김새를 자세히 관찰하는 공부를 합니다.

꽃을 관찰하면
꽃은 대부분 암술과 수술, 꽃잎과 꽃받침으로 이루어져 있다는 것을 알게 됩니다.
다음은 꽃의 생김새를 나타낸 그림입니다.

교과서에서는 또 꽃은 씨를 만든다는 것과
꽃이 씨를 만들기 위해서는 수술에 있는 꽃가루가 암술에 붙어야 한다는 것을 공부합니다.

수술의 꽃가루가 암술에 붙는 것을 꽃가루받이라고 하고
꽃가루받이는 한자로 수분(受粉)이라고 한다는 것을 공부합니다.
수분(受粉)을 그림으로 나타내면 아래와 같습니다.

84 한자 어휘 학습으로 초등 과학 교과서 개념 쏙쏙 익히기 한식과학

5

앞에서 배운 한자를 교과서 속에서 찾아 보면서 전체적인 맥락을 이해할 수 있어요.

6

각 단원이 끝날 때마다, 배웠던 용어의 뜻을 잘 기억하고 있는지 문제 풀이로 복습할 수 있어요.

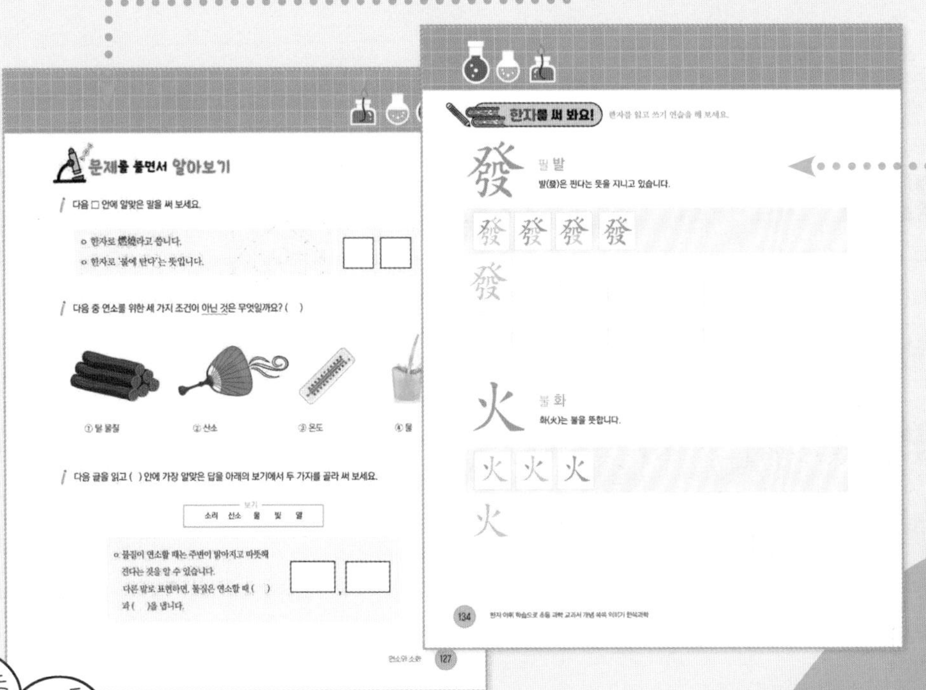

문제를 풀면서 알아보기

1 다음 □ 안에 알맞은 말을 써 보세요.

○ 한자로 燃燒라고 씁니다.
○ 한자로 '불에 탄다'는 뜻입니다.

2 다음 중 연소를 위한 세 가지 조건이 아닌 것은 무엇일까요? ( )

① 탈 물질 ② 산소 ③ 온도 ④ 물

3 다음 글을 읽고 ( ) 안에 가장 알맞은 답을 아래의 보기에서 두 가지를 골라 써 보세요.

보기: 소리 산소 물 빛 열

○ 물질이 연소할 때는 주변이 밝아지고 따뜻해진다는 것을 알 수 있습니다.
다른 말로 표현하면, 물질은 연소할 때 ( ) 과( )을 냅니다.

연소와 소화 127

한자를 써 봐요!

한자를 읽고 쓰기 연습을 해 보세요.

發 필 발
발(發)은 핀다는 뜻을 지니고 있습니다.

發 發 發 發 發

火 불 화
화(火)는 불을 뜻합니다.

火 火 火 火

134 한자 어휘 학습으로 초등 과학 교과서 개념 쏙쏙 익히기 한식과학

7

앞에서 배웠던 한자를 또박또박 따라 쓰면서 집중력도 높이고 한자를 바르게 쓰는 연습을 할 수 있어요.

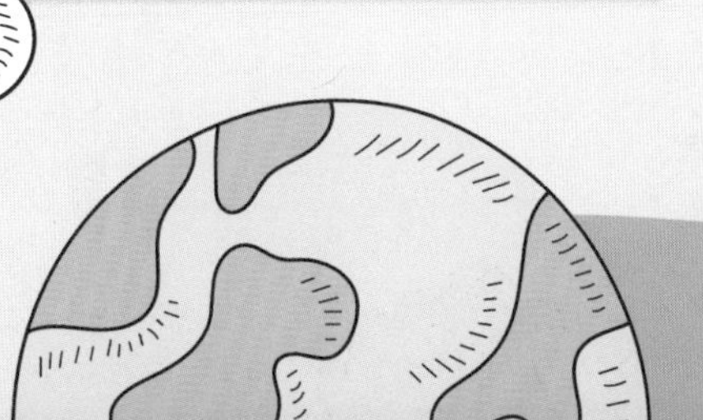

목차

6학년 1학기

1 지구와 달의 운동

2 여러 가지 기체

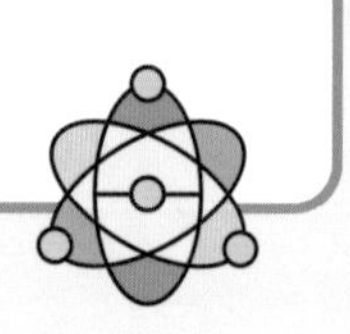

3 식물의 구조와 기능

4 빛과 렌즈

1 전기의 이용

2 계절의 변화

3 연소와 소화

4 우리 몸의 구조와 기능

일러 두기

- 초등학교 6학년 1학기, 2학기 교과서에 등장하는 어휘를 수집해 그 안에서 가장 자주 등장하는 단어를 선별하였습니다.
- 국립국어원의 표준 국어대사전 뜻풀이를 기본으로 하되 초등학생의 눈높이에 맞게 보다 쉽게 풀어썼습니다.

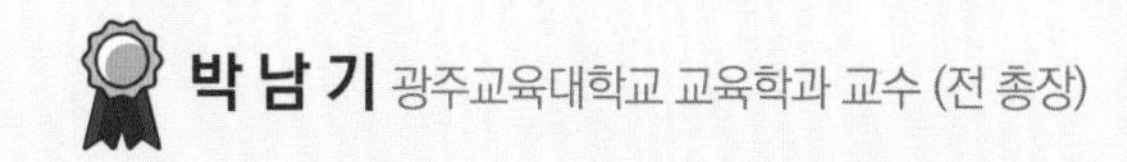

초등학교 6학년 학생들은 지구와 달의 운동을 공부합니다. 6학년 학생이 과학 단원 평가 시험에서 다음과 같은 문제를 만났다고 보겠습니다.

※ 태양의 남중고도란 무엇인지 적어 보세요. (   )

어른들도 한자 어휘를 잘 모르는 경우 쉽게 풀기 힘든 문제입니다. 이 문제를 풀기 위해 아이들이 의존하는 것은 기억력뿐입니다.

하지만 학생이 남중고도(南中高度)의 한자 뜻을 잘 알고 있다면 정답을 쉽게 적을 수 있습니다. 남중고도(南中高度)에서 남은 '남녘 남'이고, 중은 '가운데 중'이며, 고는 '높을 고'라는 것을 알고 있다면, 정답이 '태양이 남쪽의 가운데 떠 있을 때의 높이'임을 바로 기억해 낼 수 있기 때문입니다. 학생들이 시험문제를 대하면서 한자의 뜻을 통해 알아내는 힘이 바로 어휘력입니다.

요즘 젊은이들의 어휘력이 부족하고 문해력이 낮은 이유 중 하나는 우리 단어를 영어 단어 외우듯이 무조건 암기하고 있기 때문입니다. 우리의 뇌는 이해하지 못한 채 무조건 외우는 일은 잘하지 못합니다. 이해하면 쉽게 외울 수 있고, 활용도 할 수 있습니다.

단어의 뜻을 쉽게 이해할 수 있도록 돕는 하나의 방법이 단어를 이루고 있는 한자를 가르쳐주는 것입니다. 단어에 들어 있는 한자를 추출하여 그 뜻을 알려 주고, 같은 한자로 이뤄진 유사어들을 함께 가르치면 어휘력은 폭발적으로 성장합니다. 이것이 문해력을 높이는 지름길입니다.

이 책은 교과서에 나오는 개념을 단순히 외우게 하기보다, 암기와 동시에 그 한자어 자체를 이해할 수 있게 하는 것이 가장 큰 강점으로 보입니다. 이에 이 책을 초등학교에서 과학을 공부하는 학생들과 이들을 지원하는 학부모들에게 꼭 권하고 싶습니다.

초등학교 과학 6학년 1학기

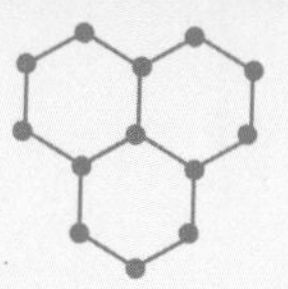

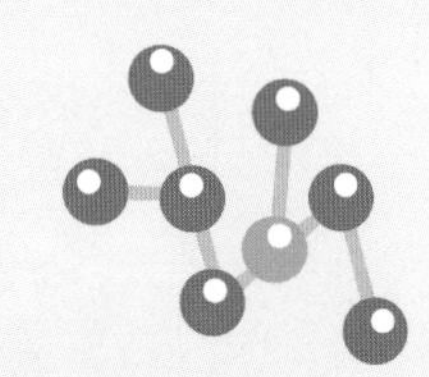

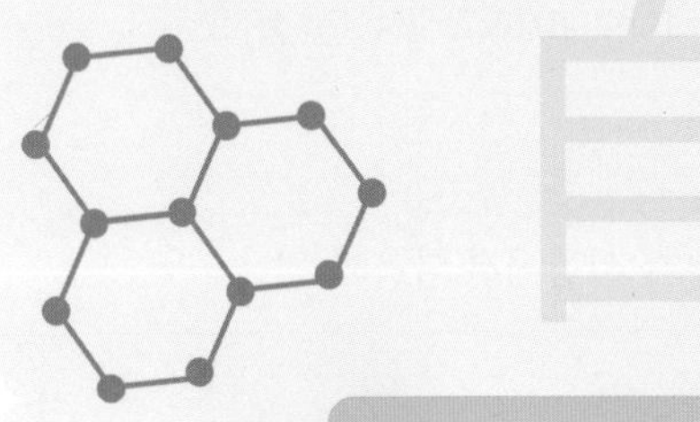

1-1 **자전(自轉), 공전(公轉)**

1-2 **상현(上弦), 하현(下弦)**

1
지구와
달의 운동

6학년 1학기

자전, 공전
自轉, 公轉

무슨 뜻인가요?

자전거를 타 본 적이 있나요?

자전거는 한자로 自轉車(자전거)라고 씁니다.
여기에서
자(自)는 자기 스스로라는 뜻이며 '스스로 자' 입니다.
전(轉)은 돌린다는 뜻으로 '돌릴 전' 입니다.
거(車)는 수레를 뜻하며, '수레 거' 입니다.

그러므로 자전거는 사람이 자기 스스로 바퀴를 돌리는 수레라는 뜻입니다.

우리가 사는 지구는 하루에 한 바퀴씩 자기 스스로 도는 특징이 있습니다.
그래서 지구는 자전한다고 합니다.

지구는 스스로 하루에 한 바퀴씩 자전을 하면서
또 1년에 한 번씩 태양을 중심으로 공전을 합니다.

지구가
태양의 주위를 돌 때는
지구 혼자 도는 것이 아니고
태양계의 여러 다른 행성들과 함께 돕니다.

다음은 지구와 태양계의 여러 행성이 모두 함께 태양 주위를 공전하는 모습입니다.

태양계의 여러 행성이 태양 주위를 공전하는 모습

한자로 공전(公轉)은 '함께 돈다'라는 뜻입니다.

그리고 태양계의 여러 천체가 모두 공평하게
1년에 한 번씩, 일정한 길을 따라 돈다는 뜻도 있습니다.

그러므로 공전(公轉)은
지구와 태양계의 여러 행성이
모두 공평하게 함께 돈다는 뜻입니다.

한자로 배워 봐요!

1. 자전

자전(自轉)에서

자(自)는 자기 스스로라는 뜻이며 '스스로 자'입니다.

전(轉)은 돌린다는 뜻으로 '돌릴 전'입니다.

그러므로 자전(自轉)은 스스로 돈다는 뜻이 있습니다.

한자로 자전(自轉)은 스스로 돈다는 뜻입니다.

자전(自轉)을 한자로 쓰고 소리를 내어 읽어 봅시다.

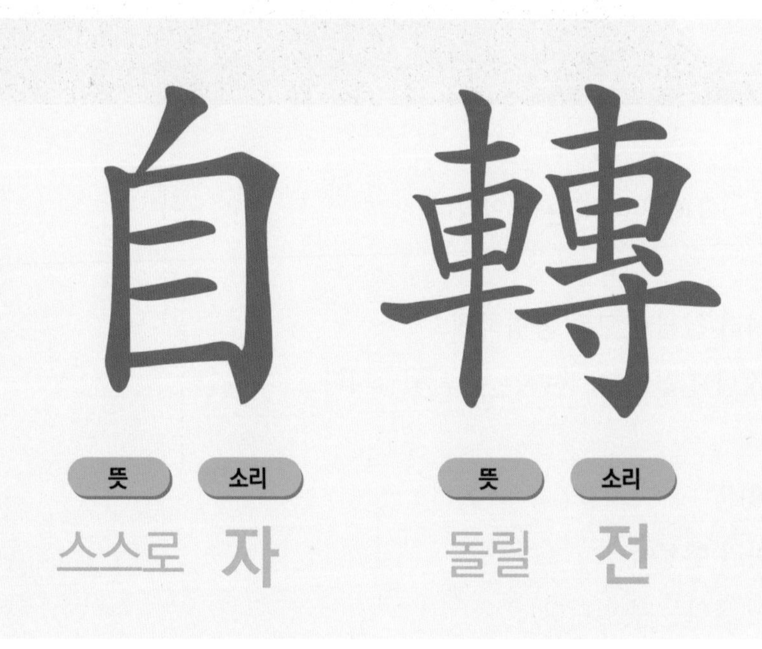

2. 공전

공전(公轉)에서

공(公)은 '함께 한다'는 뜻이 있습니다. 또 공평하다는 뜻도 있어 '공평할 공'입니다.

전(轉)은 돌린다는 뜻으로 '돌릴 전'입니다.

그러므로 한자로 공전(公轉)은 '모두 공평하게 함께 돈다'는 뜻이 있습니다.

한자로 공전(公轉)은 모두 공평하게 함께 돈다는 뜻입니다.

공전(公轉)을 한자로 쓰고 소리를 내어 읽어 봅시다.

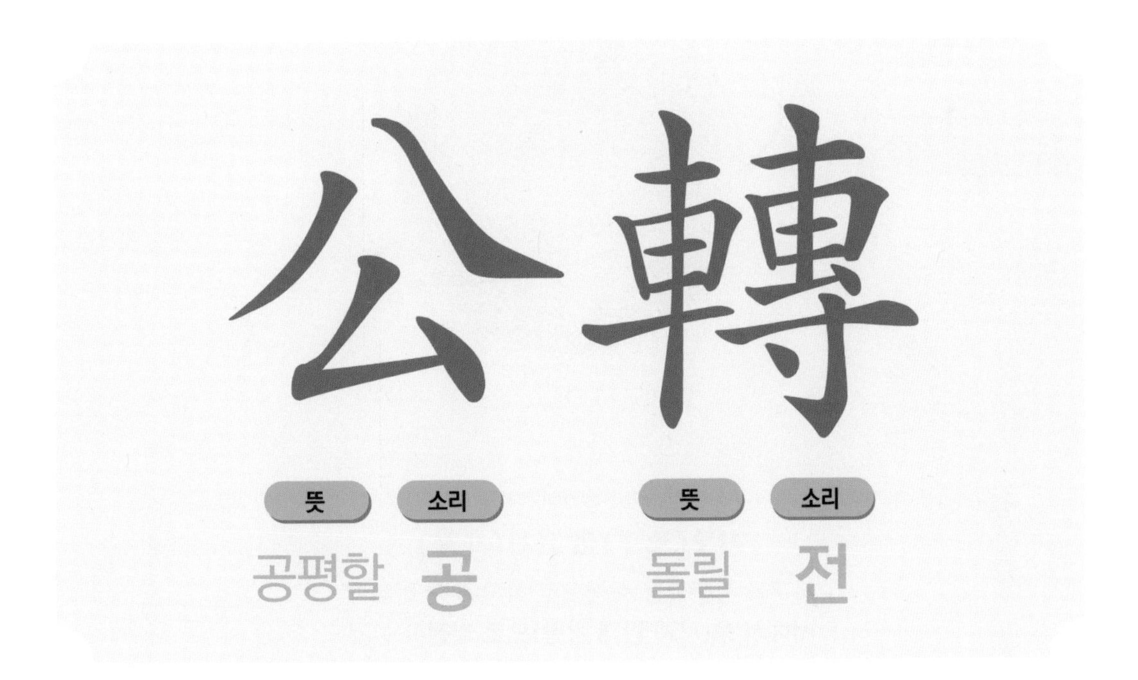

교과서에서 살펴보기

교과서에서는

먼저 지구의 자전이란 무슨 뜻인지에 대해 공부합니다.

지구의 자전이란

지구가 자전축을 중심으로 하루에 한 바퀴씩 서에서 동(시계 반대 방향)으로 회전하는 것이라고 배웁니다.

여기서 자전축이란

북극과 남극을 연결한 가상의 직선을 말합니다.

다음은 자전축과 지구가 자전하는 방향(시계 반대 방향)을 나타낸 그림입니다.

지구의 자전축과 자전하는 방향

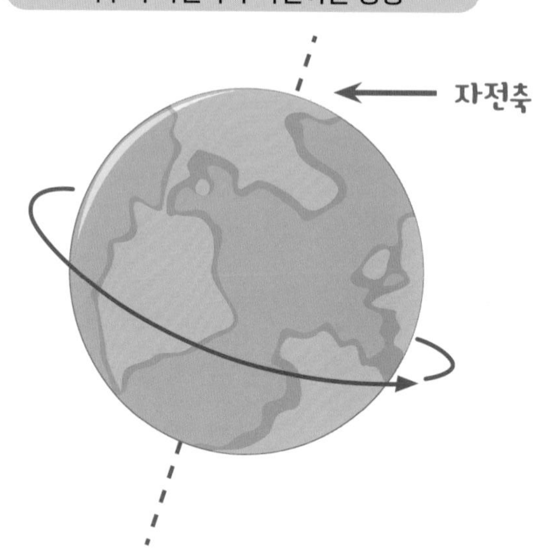

지구(地球)의 자전(自轉)

지구가 자전축을 중심으로 하루에 한 바퀴씩
서에서 동(시계 반대 방향)으로 회전하는 것

교과서에서는 또
하루 동안 태양과 달의 위치가 달라지는 것은
지구가 하루에 한 바퀴씩 자전하기 때문이라는 것을 공부합니다.

하루 동안
태양을 관찰하면
아침에는 동쪽 하늘에서 보이고
저녁에는 서쪽 하늘에서 보입니다.

다음은 하루 동안 관찰한 태양의 위치 변화입니다.

하루 동안 태양의 위치 변화

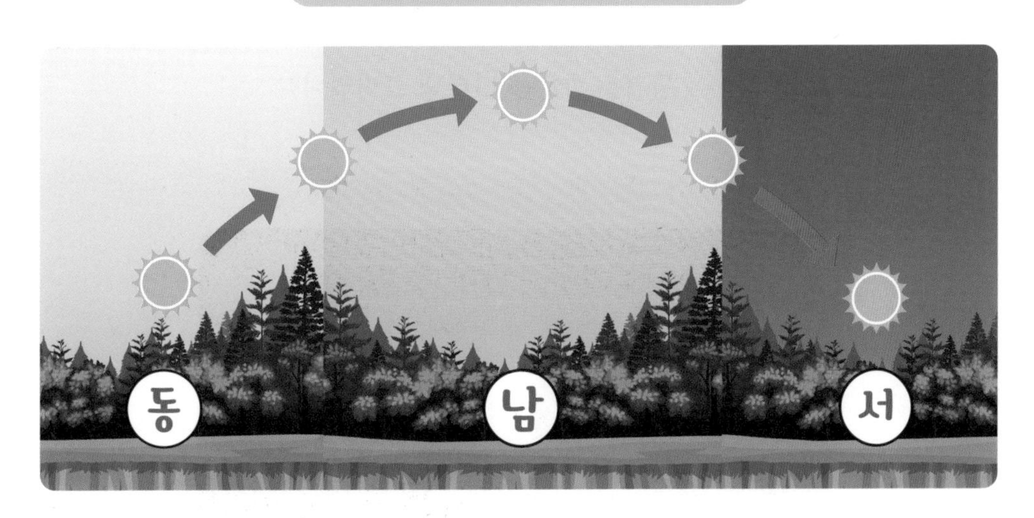

태양과 달은
동쪽 하늘에서 남쪽 하늘을 지나 서쪽으로 움직이는 것처럼 보입니다.

지구(地球)가 자전(自轉)하기 때문에
태양과 달이 지구를 돌고 있는 것처럼 보인다.

실제로 태양은 지구를 돌고 있지 않습니다.
지구가 서쪽에서 동쪽으로 하루에 한 바퀴 자전하기 때문에
반대로 태양이 동쪽에서 서쪽으로 하루에 한 바퀴 도는 것으로 보이는 것입니다.

교과서에서는 또
낮과 밤이 생기는 까닭을 공부합니다.
지구는 하루에 한 바퀴씩 돌고 있다고 했습니다.

그러므로 내가 있는 곳이 태양이 있는 쪽에 있을 때는 밝은 낮이 되고
내가 있는 곳이 태양의 반대쪽에 있을 때는 어두운 밤이 됩니다.

그리고 지구가 하루에 한 번씩 자전하기 때문에
하루에 한 번씩 낮과 밤이 바뀐다는 것을 공부합니다.
다음은 지구가 자전하면서 낮과 밤이 생기는 까닭을 나타낸 그림입니다.

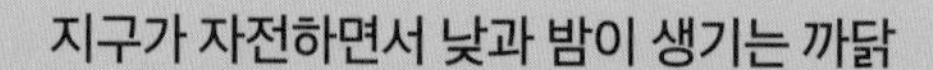
지구가 자전하면서 낮과 밤이 생기는 까닭

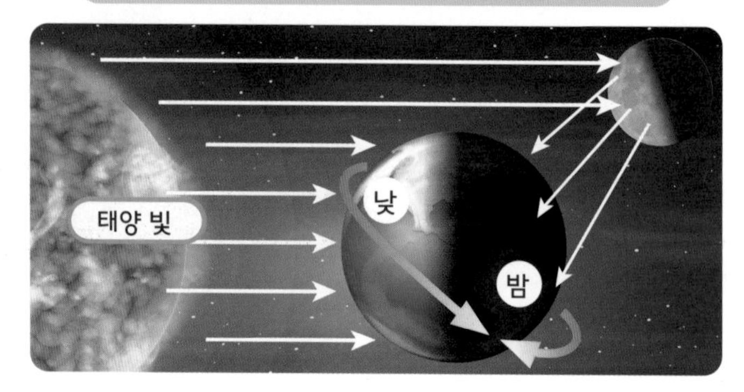

만약 지구가 자전을 하지 않는다면?
낮인 나라는 늘 낮이고, 밤인 나라는 항상 캄캄한 밤이겠죠?

낮과 밤이 생기는 까닭

지구가 자전하므로 하루에 절반은 태양 빛을 받고,
하루의 절반은 태양 빛을 받지 못하기 때문이다.

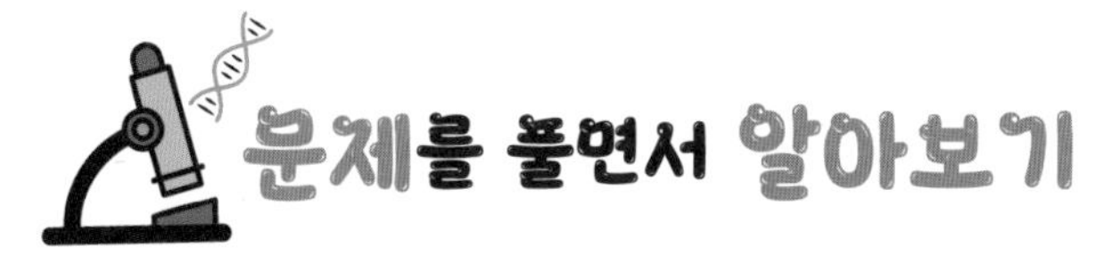

다음 □ 안에 알맞은 말을 써 보세요.

- 한자로 自轉이라고 씁니다.
- 한자로 '스스로 돈다'는 뜻입니다.
- 지구가 자전축을 중심으로 하루에 한 바퀴씩 서에서 동(시계 반대 방향)으로 회전하는 것을 말합니다.

□□

다음 지구의 자전에 관한 설명 중 틀린 것을 고르세요. (　　)

① 태양은 하루에 한 바퀴씩 돈다.
② 지구가 자전하기 때문에, 낮과 밤이 생긴다.
③ 지구는 하루에 한 바퀴씩 서에서 동으로 돈다.
④ 지구가 자전하기 때문에, 태양이 지구를 돌고 있는 것처럼 보인다.

다음 글을 읽고 ( ) 안에 알맞은 답을 아래에서 골라 써 보세요.

보기
자전　　공전

- 하루 동안 태양과 달의 위치가 달라지는 것은 지구가 하루에 한 바퀴씩 (　　)하기 때문이다.

- 지구와 태양계의 여러 행성은 모두 함께 태양 주위를 (　　)한다.

스스로 **자**

자(自)는 자기 스스로라는 뜻을 지니고 있습니다.

自 自 自 自

自

轉

돌릴 **전**

전(轉)은 돌린다는 뜻을 지니고 있습니다.

轉 轉 轉 轉 轉

轉

공평할 **공**

공(公)은 '함께 한다', '공평하다'라는 뜻을 지니고 있습니다.

公 公 公

公

轉

돌릴 **전**

전(轉)은 돌린다는 뜻을 지니고 있습니다.

轉 轉 轉 轉 轉

轉

한쏙 어휘 1-2

6학년 1학기

상현, 하현
上弦, 下弦

무슨 뜻인가요?

여러 날 동안 달을 관찰해 보면
달의 모양이 계속 변한다는 것을 알 수 있습니다.

실제로 달의 모양이 변하는 것은 아니고
변하는 것처럼 보이는 것입니다.
달이 지구를 공전하면서, 햇빛을 받는 부분이 달라지기 때문입니다.

사람들은
달의 모양이 변하는 것을 보며
각각의 모양에 이름을 지어 주었습니다.

오늘은 달의 여러 이름에 대해 알아보겠습니다.

먼저 초승달에 대해 알아볼까요.
초승달의 원래 이름은 초생달이었습니다.
처음에는 초생달이었다 나중에 초승달로 바뀌었습니다.

이번 생을 말하는 이생(이生)이 '이승'이 되고
죽은 후를 말하는 저생(저生)을 '저승'이라 하는 것과 같습니다.
그래서 초생달을 한자로 알아보겠습니다.

초생달은 한자로 初生달(초생달)이라고 씁니다.
여기에서 초(初)는 '처음 초'입니다.
생(生)은 '날 생'입니다.

그러므로
초생달은 '처음 태어난 달'이라는 뜻입니다.
초승달에 '처음 태어난 달'이라는 이름이 붙은 이유는
음력으로 매월 처음에 이런 모양의 달이 보이기 때문입니다.

초승달의 모양은 아래 그림과 같습니다.

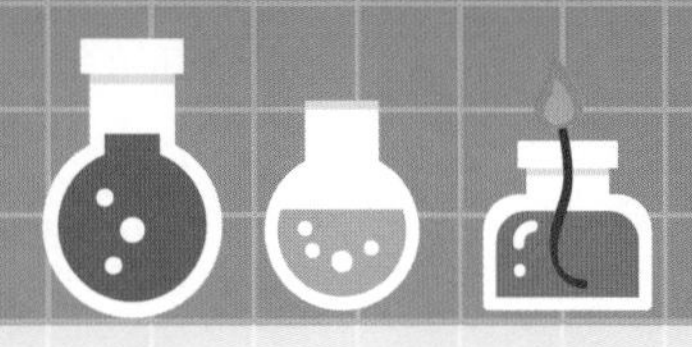

초승달은 날이 갈수록 점점 커져서 반달이 됩니다.
반달 모양의 달은 두 가지가 있는데
그중에서 초승달이 점점 커져서 만들어진 반달을 상현달이라고 합니다.
그럼 상현달에 대해 알아보겠습니다.

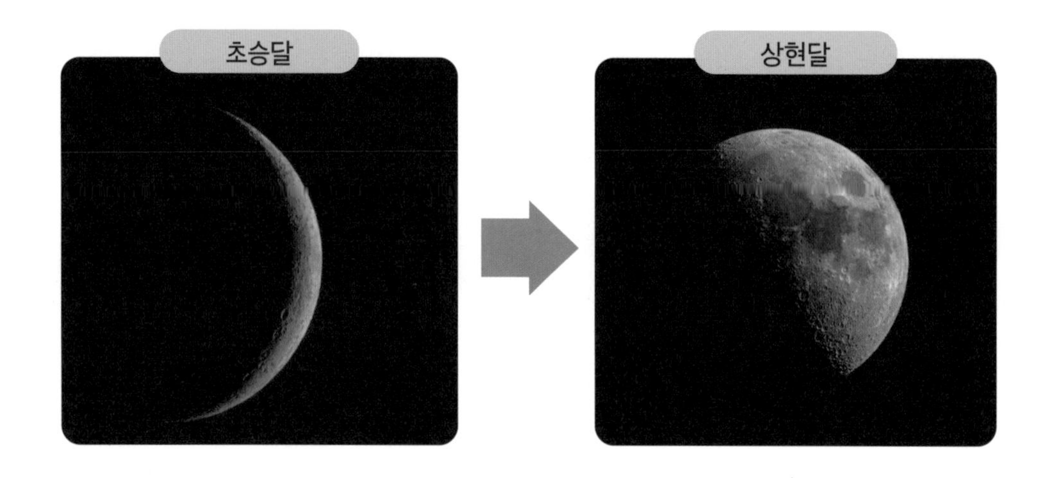

상현달은 한자로 上弦달(상현달)이라고 씁니다.
여기에서 상(上)은 '위'라는 뜻의 '위 상'입니다.
현(弦)은 '활에서 화살을 거는 활시위'를 뜻하며 '활시위 현'입니다.
그러므로 상현달은 '위로 향하는 활시위 모양의 달'이라는 뜻입니다.

옛날 사람들은 초승달이 반달로 변하는 모습을 보면서 '위로 향하는 활시위 모양'을 떠올린 것입니다.

보름달은 한자가 아니고 순우리말입니다.

한글로 15일을 보름이라고 합니다.

그러므로 보름달은 그달의 중간에 나타납니다.

다음은 보름달의 모습입니다.

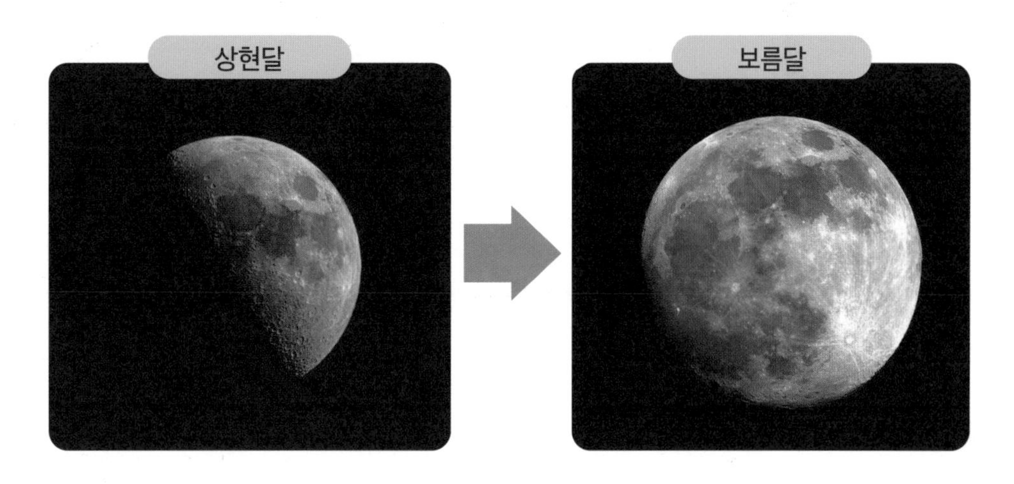

다음은 보름달이 점점 작아져서 되는 하현달에 대해 알아보겠습니다.

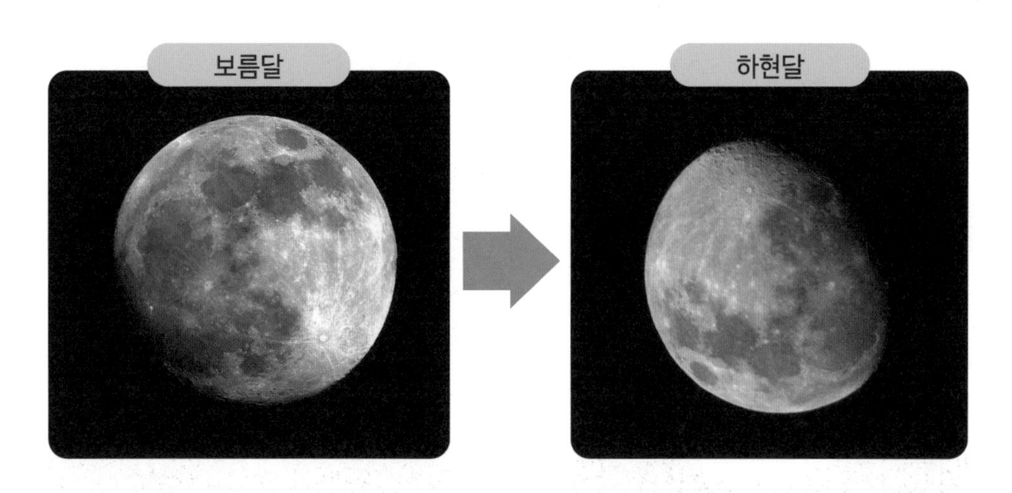

하현달은 한자로 下弦달(하현달)이라고 씁니다.

여기에서 하(下)는 '아래'를 뜻하며 '아래 하'라고 읽습니다.

현(弦)은 '활에서 화살을 거는 활시위'를 뜻하며 '활시위 현'입니다.

그러므로 하현달은 '아래로 향하는 활시위 모양의 달'이라는 뜻입니다.

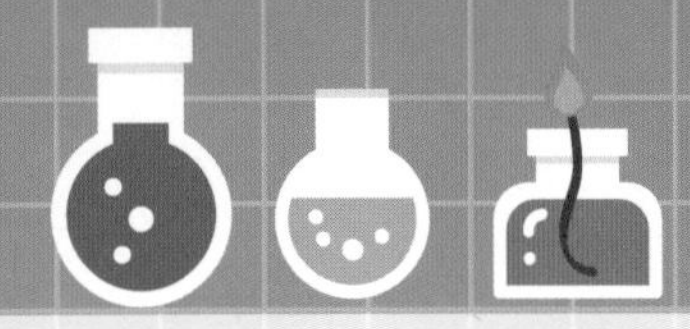

옛날 사람들은 보름달이 반달로 변하는 모습을 보면서 '아래로 향하는 활시위'를 떠올린 것입니다.

마지막으로 그믐달에 대해 알아보겠습니다.

그믐은 점점 사그라진다는 뜻으로, 음력 매월 말을 뜻하는 순우리말입니다.

그러므로 그믐달은 음력 매월 마지막에 나타납니다.

다음은 그믐달의 모습입니다.

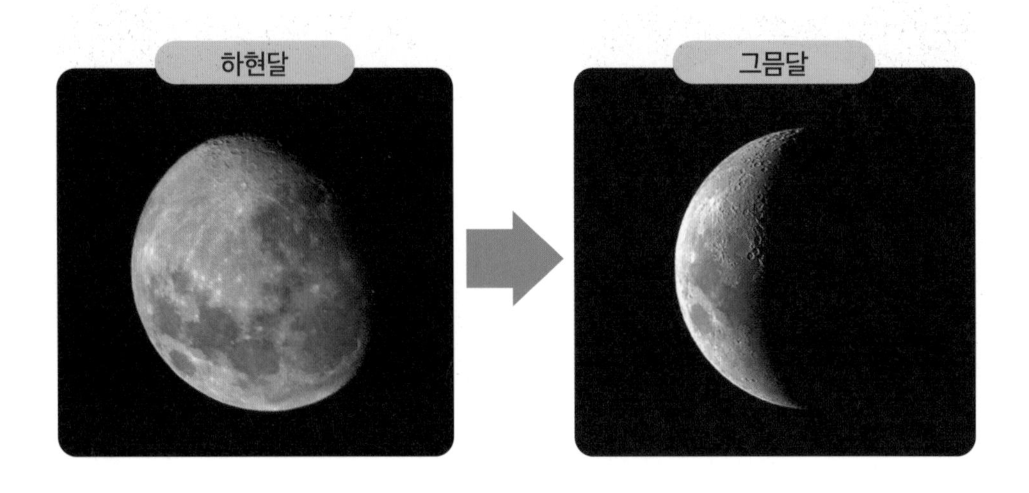

한자로 배워 봐요!

1. 상현

상현(上弦)에서
상(上)은 '위'라는 뜻의 '위 상'입니다.
현(弦)은 '활에서 화살을 거는 활시위'를 뜻하며 '활시위 현'입니다.

그러므로 상현달은 '위로 향하는 활시위 모양의 달'이라는 뜻입니다.

상현(上弦)은 한자로 '위로 향하는 활시위 모양'이라는 뜻입니다.

상현(上弦)을 한자로 쓰고 소리를 내어 읽어 봅시다.

2. 하현

하현(下弦)에서

하(下)는 '아래'를 뜻하며 '아래 하'입니다.

현(弦)은 '활에서 화살을 거는 활시위'를 뜻하며 '활시위 현'입니다.

그러므로 하현달은 '아래로 향하는 활시위 모양의 달'이라는 뜻입니다.

하현(下弦)은 한자로 '아래로 향하는 활시위 모양'이라는 뜻입니다.

하현(下弦)을 한자로 쓰고 소리를 내어 읽어 봅시다.

교과서에서는
여러 날 동안 달의 모양이 어떻게 변하는지 공부합니다.

음력 2~3일 무렵에는 초승달, 음력 7~8일 무렵에는 상현달, 음력 15일에는 보름달, 음력 22~23일 무렵에는 하현달, 음력 27~28일 무렵에는 그믐달을 볼 수 있다는 것을 공부합니다.

음력으로 한 달 동안 달의 모양 변화

달 이름	달 모양	볼 수 있는 때
초승달		음력 2~3일
상현달		음력 7~8일
보름달		음력 15일
하현달		음력 22~23일
그믐달		음력 27~28일

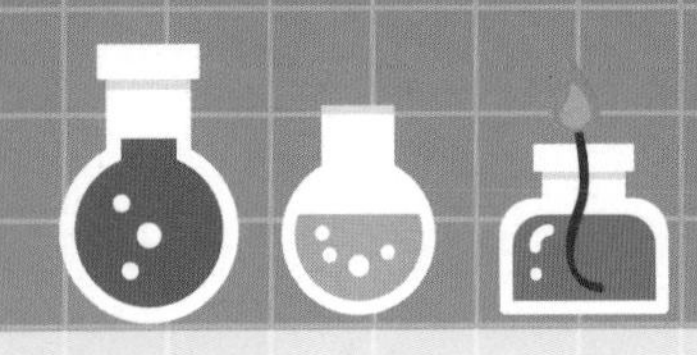

문제를 풀면서 알아보기

다음 □ 안에 알맞은 말을 써 보세요.

- 한자로 上弦이라고 씁니다.
- 한자로 '위로 향하는 활시위 모양'이라는 뜻입니다.
- 음력 7~8일 무렵에 뜨는 달과 관련이 있습니다.

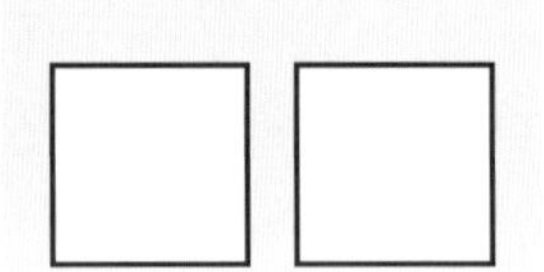

다음은 달의 모양에 관한 내용입니다. 관련된 것들끼리 줄을 이어 보세요.

 • • 상현달

 • • 초승달

 • • 그믐달

 • • 하현달

한자를 읽고 쓰기 연습을 해 보세요.

上

위 **상**

상(上)은 '위'라는 뜻을 지니고 있습니다.

上 上 上

上

弦

활시위 **현**

현(弦)은 '활에서 화살을 거는 활시위'를 뜻합니다.

弦 弦 弦 弦

弦

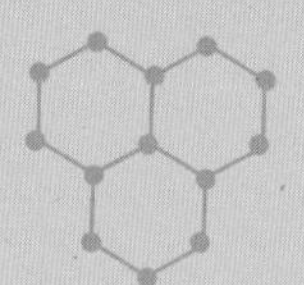

초등학교 과학 6학년 1학기

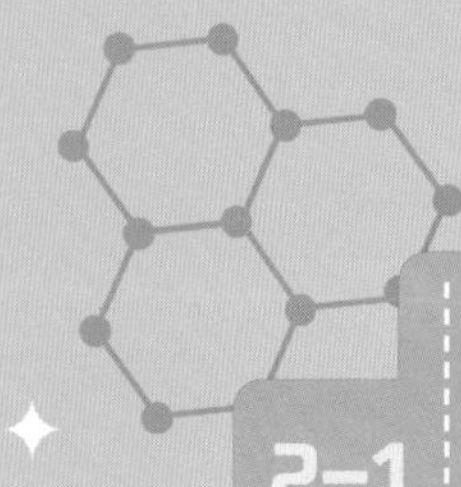

2-1 **산소**(酸素)

2-2 **이산화탄소**(二酸化炭素)

2-3 **압력**(壓力)

2
여러 가지
기체

한쏙 어휘 2-1

6학년 1학기

산소
酸素

무슨 뜻인가요?

숨을 쉬기 위해서는
산소가 꼭 필요합니다.

혼자 숨을 쉬기 어려운 환자나
깊은 물속에 들어가는 사람들에게는 산소의 도움이 필요합니다.

오른쪽의 그림은 병원에서 사용하는 산소통입니다.
모두 영어로 'OXYGEN(옥시젠)'이라고 써져 있습니다.

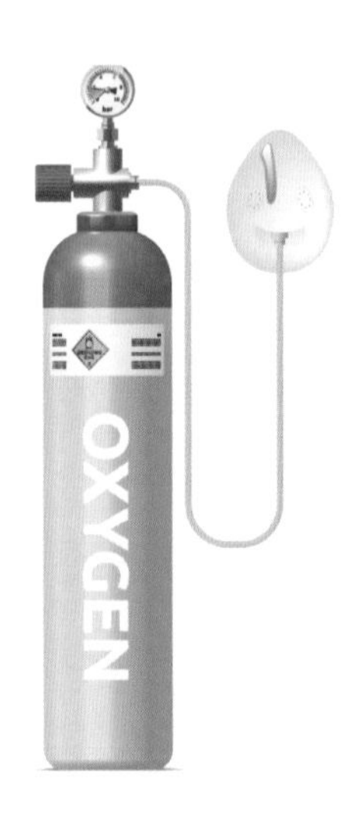

의료용 산소통

한자 산소(酸素)의 뜻을 알기 위해서는
먼저 영어 'OXYGEN(옥시젠)'을 알아야 합니다.

왜냐하면 한자 산소(酸素)는 영어 'OXYGEN(옥시젠)'을 그대로 번역한 말이기 때문입니다.
먼저 'OXYGEN(옥시젠)'이라는 말의 유래를 알아볼까요?

여러 과학자들의 노력으로
새로운 원소가 처음 발견되었습니다.

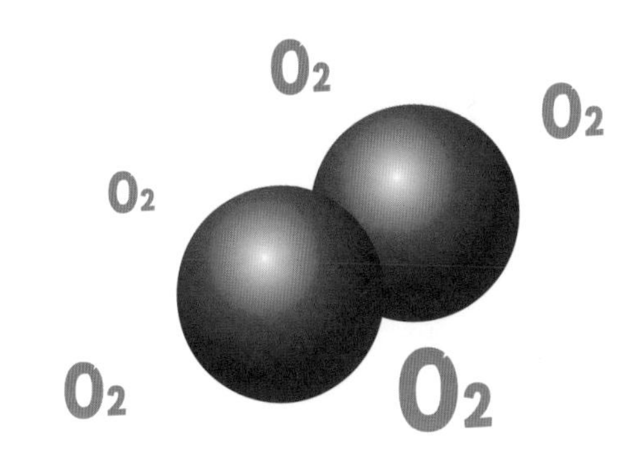

그 과학자들 중 한 사람이 새로 발견한 원소의 이름을
'OXYGEN(옥시젠)'이라고 지었습니다.

'OXYGEN(옥시젠)'에서
'OXY(옥시)'는 '신 맛'을 뜻하는 그리스어입니다.
'GEN(젠)'은 '만들어 낸다'는 뜻의 라틴어 'gennao'에서 가져온 것입니다.
그러므로 'OXYGEN(옥시젠)'은 '신맛을 만들어 내는 것'을 뜻합니다.

이름을 이렇게 지은 이유는
그 때의 과학자들은 신맛이 나는 모든 산(酸)은, '산소'를 포함하고 있는 것으로 잘못 알았기 때문입니다.

5학년 2학기에
산성(酸性) 용액과 염기성(鹽基性) 용액에 대해 공부했습니다. 기억나시죠?
그때 산성(酸性)에서 산(酸)은, 시다는 뜻의 '실 산'이라고 했습니다.

한자로 산소(酸素)는 '신맛이 나게 하는 성질이 있다'를 뜻합니다.

산소는 한자로 酸素(산소)라고 씁니다.

산소(酸素)에서
산(酸)은 신맛을 나게 한다는 뜻으로 '실 산'입니다.
소(素)는 본래의 성질을 뜻하며 '본디 소'입니다.

그러므로 산소는 '신맛이 나게 하는 성질이 있다'는 뜻입니다.

한자로 산소(酸素)는 신맛이 나게 하는 성질이 있다는 뜻입니다.

산소(酸素)를 한자로 쓰고 소리를 내어 읽어 봅시다.

교과서에서 살펴보기

교과서에서는
먼저 기체 발생 장치를 만들어 산소를 만들어 보는 공부를 합니다.

아래 그림처럼 장치를 만들어 묽은 과산화수소수와 아이오딘화 칼륨을 섞으면 산소가 만들어집니다.
아이오딘화 칼륨 대신 이산화망가니즈를 사용하기도 합니다.

기체 발생 장치로 산소 모으기 실험

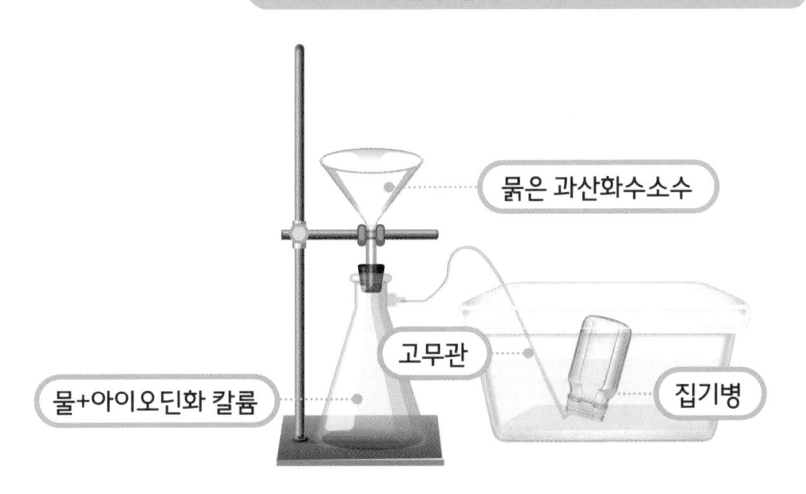

교과서에서는 또 산소의 성질을 공부합니다.

산소의 성질과 이용

- 산소는 색깔이 없습니다.
- 산소는 냄새도 없습니다.
- 산소는 다른 물질이 타는 것을 돕는 성질이 있습니다.
- 산소는 철을 녹슬게 합니다.
- 산소는 동식물이 호흡할 때 필요합니다.
- 산소는 환자나 잠수부가 숨을 쉬는 데 이용합니다.

문제를 풀면서 알아보기

다음 □ 안에 알맞은 말을 써 보세요.

- 한자로 酸素라고 씁니다.
- 한자로 '신맛이 나게 하는 성질이 있다'라는 뜻이 있습니다.
- 동물과 식물이 호흡을 할 때 필요합니다.

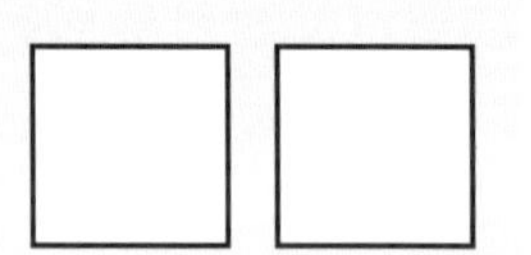

다음은 산소를 만들기 위한 기체 발생 장치입니다. □ 안에 알맞은 말을 써 보세요.

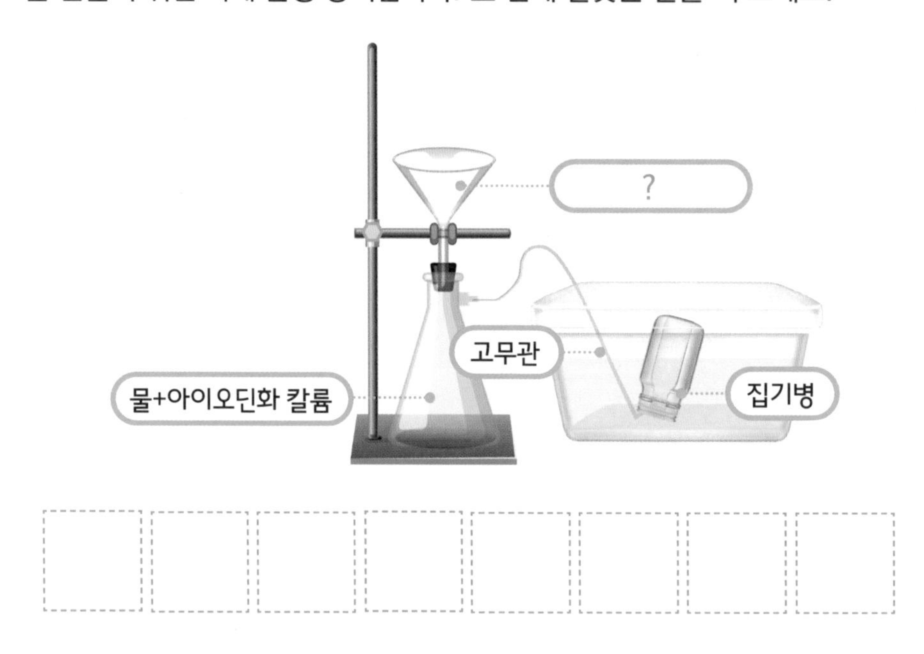

다음 중 산소의 성질과 관련이 없는 것은 무엇인지 고르세요. (　　)

① 색깔과 냄새가 없다.

② 철이 녹스는 것을 막는 성질이 있다.

③ 다른 물질이 타는 것을 돕는 성질이 있다.

④ 동물과 식물이 호흡하는 데 필요하다.

한자를 읽고 쓰기 연습을 해 보세요.

酸 실 **산**

산(酸)은 신맛을 나게 한다는 뜻을 지니고 있습니다.

酸 酸 酸 酸

酸

素 본디 **소**

소(素)는 본래의 성질을 뜻합니다.

素 素 素

素

한쏙 어휘

2-2

6학년 1학기

이산화탄소

二酸化炭素

무슨 뜻인가요?

먼저 이산화에 대해서 알아볼까요?

이산화는 한자로 二酸化(이산화)라고 씁니다.

여기에서

이(二)는 두 개를 뜻하며 '두 이'라고 읽습니다.

산(酸)은 산소를 뜻하며 '실 산'입니다.

화(化)는 결합된다는 뜻으로 '될 화'로 읽습니다.

그러므로 이산화는 '두 개의 산소와 결합한다'는 뜻입니다.

다음은

탄소(炭素)에 대해 알아보겠습니다.

탄소는 한자로 炭素(탄소)라고 씁니다.

여기에서
탄(炭)은 숯을 뜻하며 '숯 탄'입니다.
소(素)는 본래의 성질을 뜻하며 '본디 소'입니다.

그러므로 한자로 탄소(炭素)는 '숯의 성질이 있다'는 뜻이 됩니다.
탄소(炭素)는 '숯의 성질이 있다'를 뜻합니다.

산소가 영어에서 유래했듯이
탄소도 영어 Carbon(카본)을 그대로 번역한 것입니다.
Carbon(카본)은 숯을 뜻하는 라틴어 carbo(카보)에서 유래했습니다.
탄소가 숯의 형태로 많이 이용되었기 때문입니다.

한자 '이산화(二酸化)'와 '탄소(炭素)'를 합치면 이산화탄소가 됩니다.
이것을 그림으로 나타내면 다음과 같습니다.

산소 두 개와 탄소가 결합된 이산화탄소

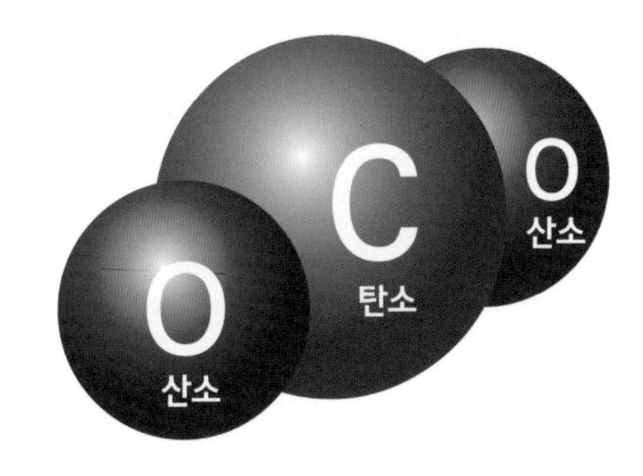

그러므로
이산화탄소는 '산소 두 개가 탄소와 결합되었다'는 뜻이 됩니다.

한자로 배워 봐요!

이산화탄소(二酸化炭素)에서
이(二)는 두 개를 뜻하며 '두 이'라고 읽습니다.
산(酸)은 산소를 뜻하며 '실 산'입니다.
화(化)는 결합된다는 뜻으로 '될 화'입니다.
탄(炭)은 숯을 뜻하며 '숯 탄'입니다.
소(素)는 본래의 성질을 뜻하며 '본디 소'입니다.

그러므로 이산화탄소(二酸化炭素)는 '산소 두 개가 탄소와 결합되었다'는 뜻이 됩니다.

한자로 이산화탄소(二酸化炭素)는 산소 두 개와 탄소가 결합되었다는 뜻입니다.

탄소(炭素)를 한자로 쓰고 소리를 내어 읽어 봅시다.

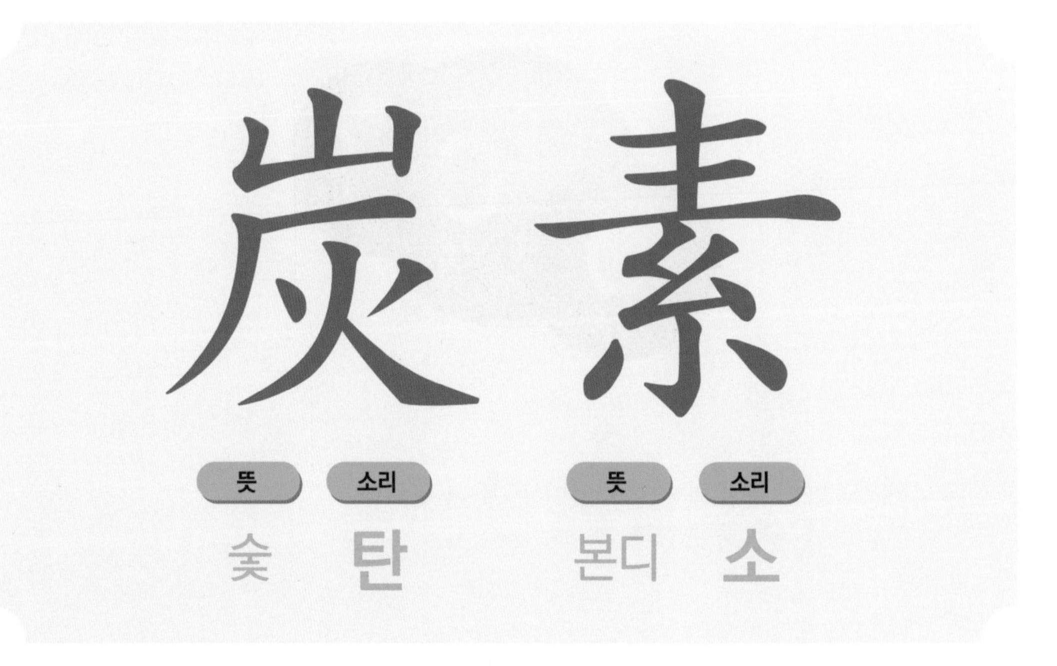

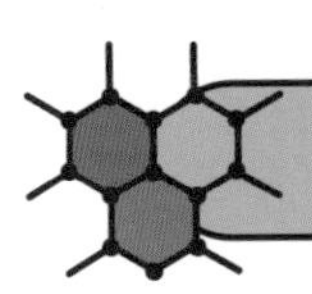

교과서에서 살펴보기

교과서에서는
먼저 이산화탄소를 만드는 공부를 합니다.
이산화탄소를 발생시키는 실험은 산소를 만들 때와 같은 장치를 이용합니다.

다만, 산소를 만드는 실험과 다른 점은 식초와 탄산수소나트륨을 이용한다는 점입니다.
식초 대신 시트르산 용액을 이용하기도 합니다.
아래 그림은 이산화탄소를 모으는 실험 장치입니다.

기체 발생 장치로 이산화탄소 모으기 실험

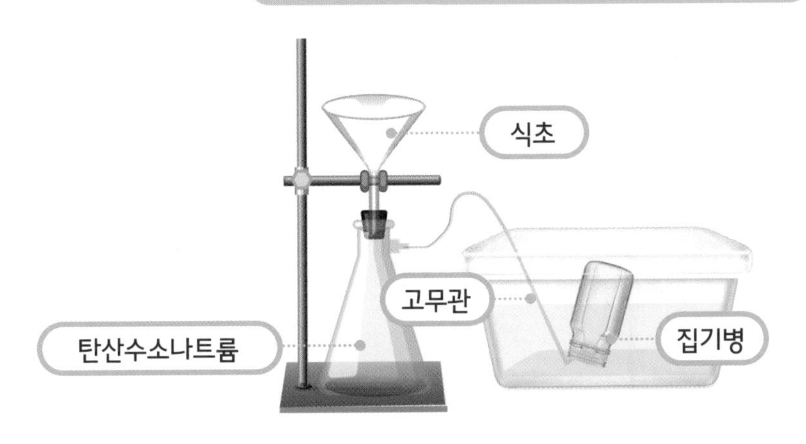

교과서에서는 또 이산화탄소의 성질을 공부합니다.

이산화탄소의 성질과 이용

- 이산화탄소는 색깔과 냄새가 없습니다.
- 이산화탄소는 다른 물질이 타는 것을 막는 성질이 있습니다.
- 이산화탄소는 석회수를 뿌옇게 흐려지게 하는 성질이 있습니다.
- 이산화탄소는 소화기, 탄산음료, 드라이아이스의 재료로 이용합니다.
- 이산화탄소는 식물이 양분을 만들 때 필요합니다.
- 이산화탄소는 지구의 온도를 높이기 때문에 이산화탄소 발생을 줄이기 위해 여러 나라가 노력하고 있습니다.

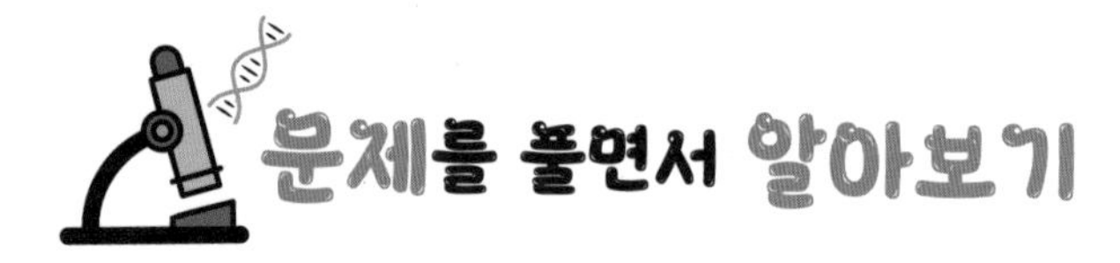

다음 □ 안에 알맞은 말을 써 보세요.

- 한자로 二酸化炭素라고 씁니다.
- 한자로 '두 개의 산소와 결합한다'는 뜻과 '숯의 성질이 있다'는 뜻이 합해져 있습니다.
- 다른 물질이 타는 것을 막는 성질이 있습니다

다음은 이산화탄소를 만들기 위한 기체 발생 장치입니다. □ 안에 알맞은 말을 써 보세요.

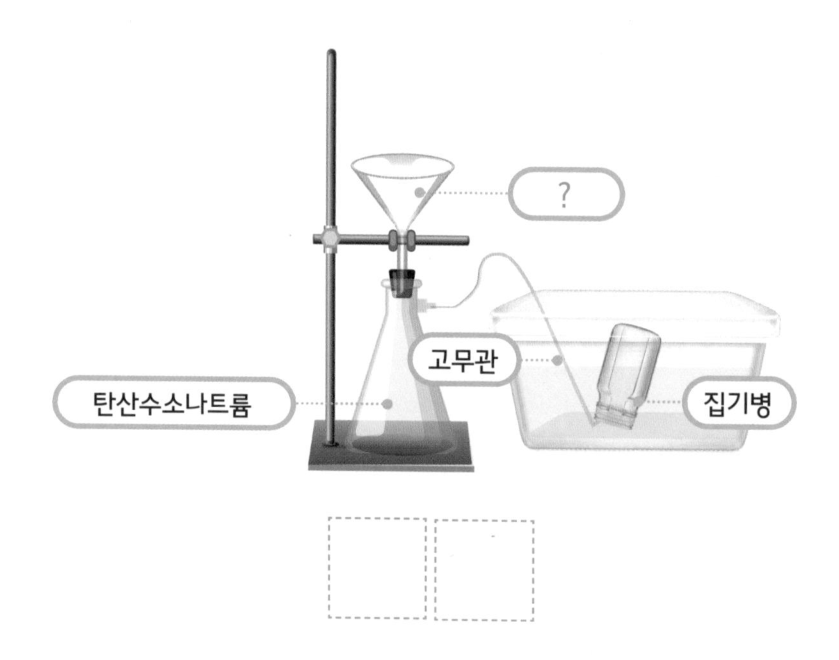

다음 중 이산화탄소의 성질과 관련이 없는 것은 무엇인지 고르세요. (　　)

① 색깔과 냄새가 없다.

② 석회수를 뿌옇게 흐리는 성질이 있다.

③ 다른 물질이 타는 것을 돕는 성질이 있다.

④ 식물이 양분을 만들 때 필요하다.

한자를 읽고 쓰기 연습을 해 보세요.

숯 탄

탄(炭)은 숯을 뜻합니다.

炭 炭 炭

炭

한쏙 어휘 2-3

6학년 1학기

압력

壓力

무슨 뜻인가요?

압력솥을 본 적 있나요?
압력솥에서 밥을 짓거나 찜을 만들면
더 높은 온도에서 음식을 빠르게 만들 수 있습니다.

압력솥은 뚜껑이 열리지 않도록 고정해서
솥뚜껑의 '누르는 힘'을 높여 요리하는 도구입니다.

이때 '누르는 힘'을 압력이라고 합니다.

누르는 힘

한자로 배워 봐요!

압력은 한자로 壓力(압력)이라고 씁니다.

압(壓)은 누른다는 뜻으로 '누를 압'입니다.

력(力)은 '힘 력'입니다.

그러므로 한자로 압력(壓力)은 '누르는 힘'을 뜻합니다.

한자로 압력(壓力)은 누르는 힘을 뜻합니다.

압력(壓力)을 한자로 쓰고 소리를 내어 읽어 봅시다.

교과서에서 살펴보기

압력이란 '누르는 힘'이라고 했습니다.
오른쪽 그림은 고무공을 누르고 있는 모습입니다.

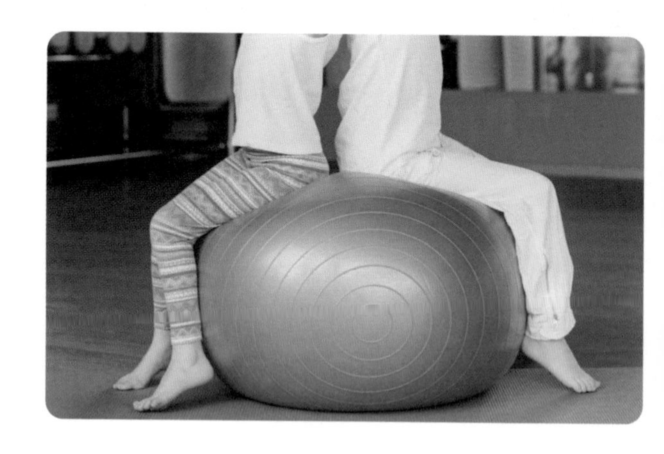

고무공의 크기가 줄어든다는 것을 알 수 있습니다.
다른 말로 표현하면
고무공에 압력을 가하면 부피가 줄어든다고 말할 수 있습니다.

액체와 달리 기체는 압력을 가하면 부피가 줄어드는 성질이 있습니다.

교과서에서는 압력에 따른 기체의 부피 변화를 공부합니다.
아래 그림은 압력에 따른 부피의 변화를 볼 수 있는 모습입니다.

압력이 낮으면 부피가 늘어난다.

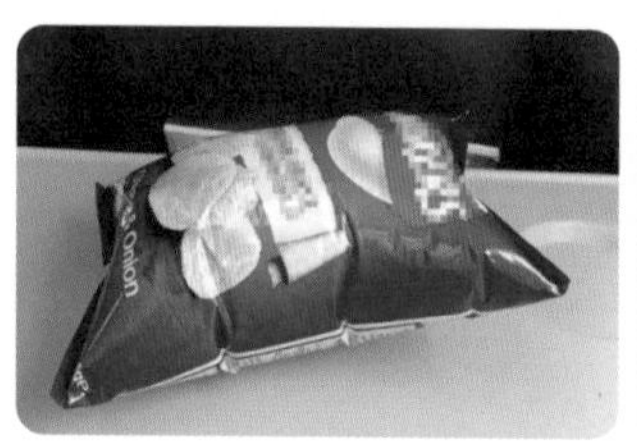

비행기 안에서 과자봉지가 부풀어 오른다.

잠수부가 내뿜은 공기 방울이 올라갈수록 커진다.

압력이 높으면 부피가 줄어든다.

비행기 안에서 부풀어 오른 과자봉지는 비행기가 땅에 있을 때 다시 줄어든다.

운동화 밑창 공기주머니는 발을 디딜 때마다 부피가 작아진다.

다음 □ 안에 알맞은 말을 써 보세요.

- 한자로 壓力이라고 씁니다.
- 한자로 '누르는 힘'이라는 뜻입니다.

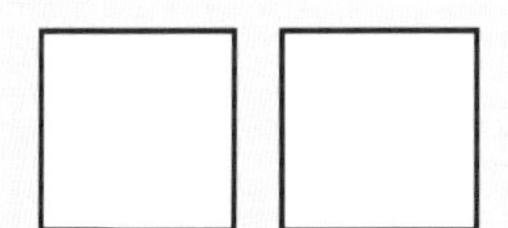

다음은 압력에 따른 부피의 변화를 볼 수 있는 모습입니다. 서로 관련 있는 것을 찾아 줄로 이어 보세요.

압력이 낮으면
부피가 늘어난다.

압력이 높으면
부피가 줄어든다.

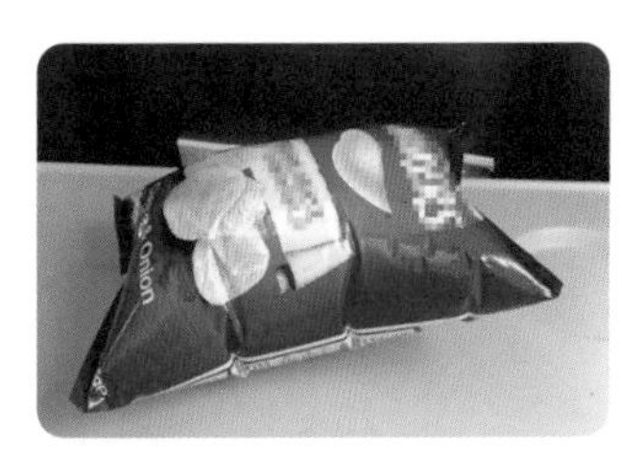

한자를 읽고 쓰기 연습을 해 보세요.

누를 **압**

압(壓)은 누른다는 뜻입니다.

壓 壓 壓 壓

壓

力

힘 **력**

력(素)은 '힘'이라는 뜻을 지니고 있습니다.

力 力

力

한자를 단어로 기억해 봐요!

앞에서 배운 단어의 뜻을 기억하며 따라 써 보세요.

001

스스로 자　　돌릴 전

자전

자전(自轉)은 스스로 돈다는 뜻입니다.

예문 태양계의 모든 행성은 자전을 한다.

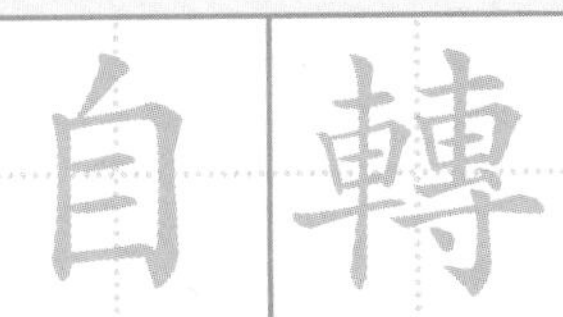
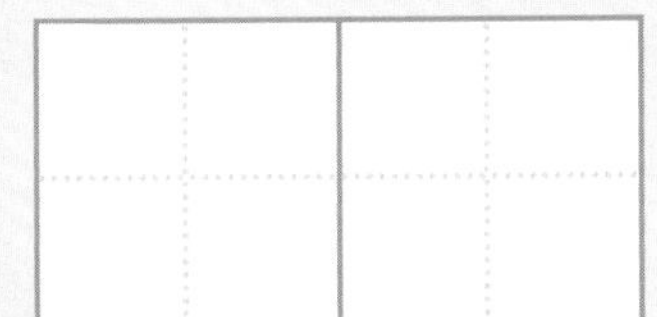

002

酸素

실 산　　본디 소

산소

산소(酸素)는 신맛이 나게 하는 성질이 있다는 뜻입니다.

예문 산소는 동물과 식물이 살기 위해 필요하다.

酸素

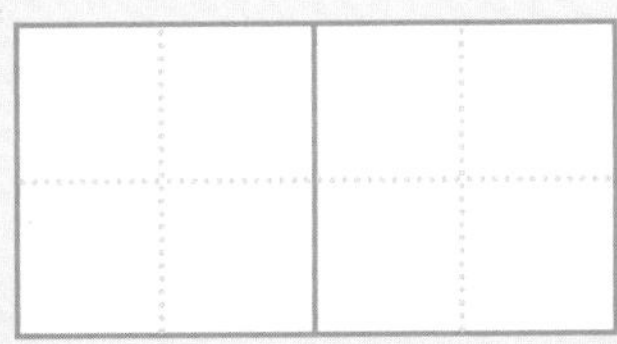

003

壓力

누를 압　　힘 력

압력

압력(壓力)은 누르는 힘입니다.

예문 압력솥으로 밥을 지으면 맛있다.

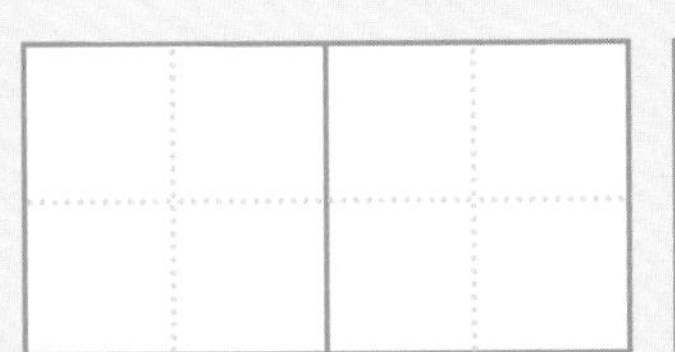

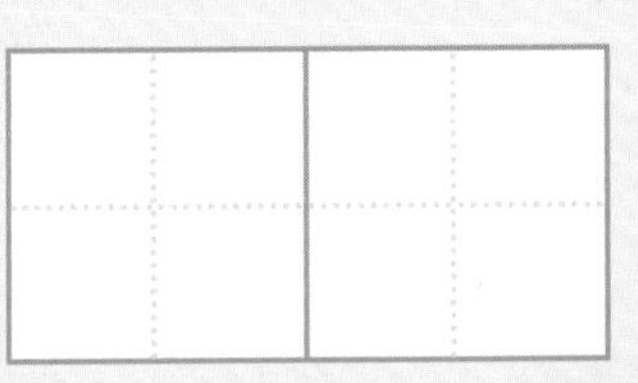

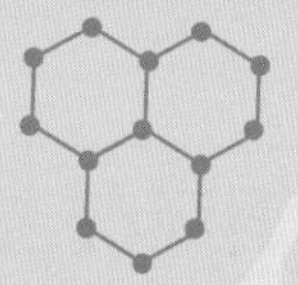

초등학교 과학 6학년 1학기

3
식물의
구조와 기능
受
粉

한쏙 어휘

3-1

6학년 1학기

세포, 핵
細胞, 核

무슨 뜻인가요?

가는 실 하나하나를 엮어 옷감을 만듭니다.
이 말을 반대로 표현하면
'옷감을 이루고 있는 가장 작고 가는 것은 실이다'라고 할 수 있습니다.

가는 실을 엮어 옷감을 짜는 기계

동물과 식물도
그것을 이루고 있는 가장 작고 가는 무언가가 있겠지요.
동물과 식물을 이루고 있는 가장 작고 가는 것을 세포라고 합니다.

세포에 대해 공부하다보면
세포핵이라는 말을 자주 듣게 됩니다.
또 중학교에 가면
지구의 내핵과 외핵을 공부하게 될 것입니다.

다음 그림은
식물세포의 핵과, 지구의 내핵과 외핵
그리고 복숭아 씨를 나타낸 것입니다.
어떤 공통점이 있나요?
모두 씨앗을 닮았습니다.

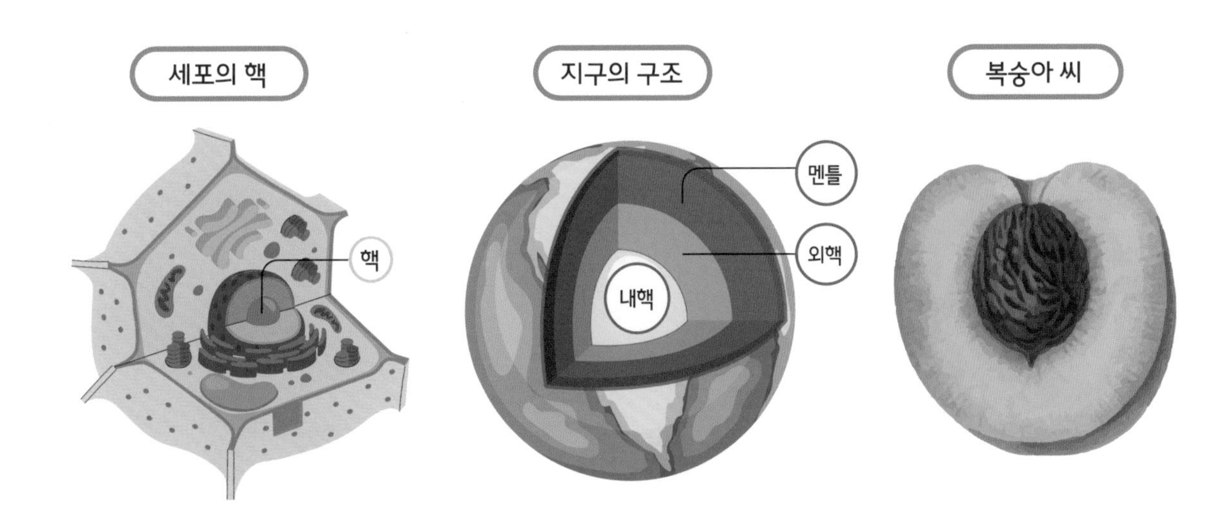

핵은 한자로 核(핵)이라고 씁니다.
여기에서
核(핵)은 씨앗을 뜻하며 '씨 핵'입니다.
그러므로 세포핵(細胞核)은 '씨앗과 같은 세포의 중심'을 뜻합니다.

한자로 배워 봐요!

세포는 한자로 細胞(세포)라고 씁니다.

세포(細胞)에서
세(細)는 가장 작고 가는 것을 뜻하며 '가늘 세'입니다.
포(胞)는 '세포 포'입니다.

그러므로 한자로 세포(細胞)는 '가장 작고 가는 것'을 뜻합니다.

한자로 세포(細胞)는 가장 작고 가는 것을 뜻합니다.

세포(細胞)를 한자로 쓰고 소리를 내어 읽어 봅시다.

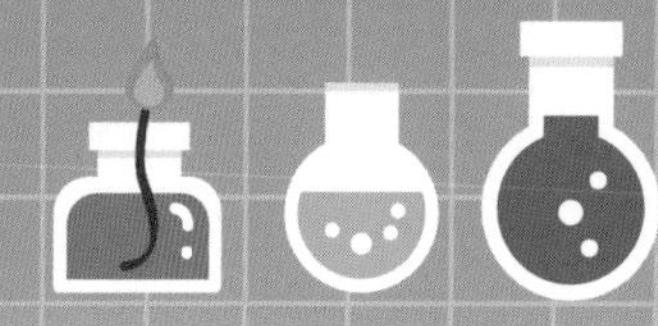

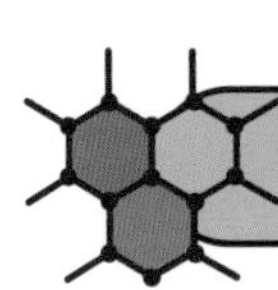

교과서에서 살펴보기

교과서에서는
먼저 세포를 관찰하는 공부를 합니다.

세포를 관찰할 때는 현미경을 이용합니다.
잠깐 현미경을 한자로 알아볼까요?
현미경은 한자로 **顯微鏡**이라고 씁니다.
현미경의 현(顯)은 나타날 현, 미(微)는 작을 미, 경(鏡)은 렌즈를 말하며 거울 경입니다.
그러므로 현미경은 '아주 작은 것을 잘 나타내 주는 렌즈'라 할 수 있습니다.

교과서에서의
세포 관찰은 식물의 양파 표피세포와 동물인 사람의 입안 상피세포를 비교하면서 관찰하게 됩니다.
다음은 현미경으로 관찰한 **양파 표피세포**와 **입 안 상피세포**의 모습입니다.

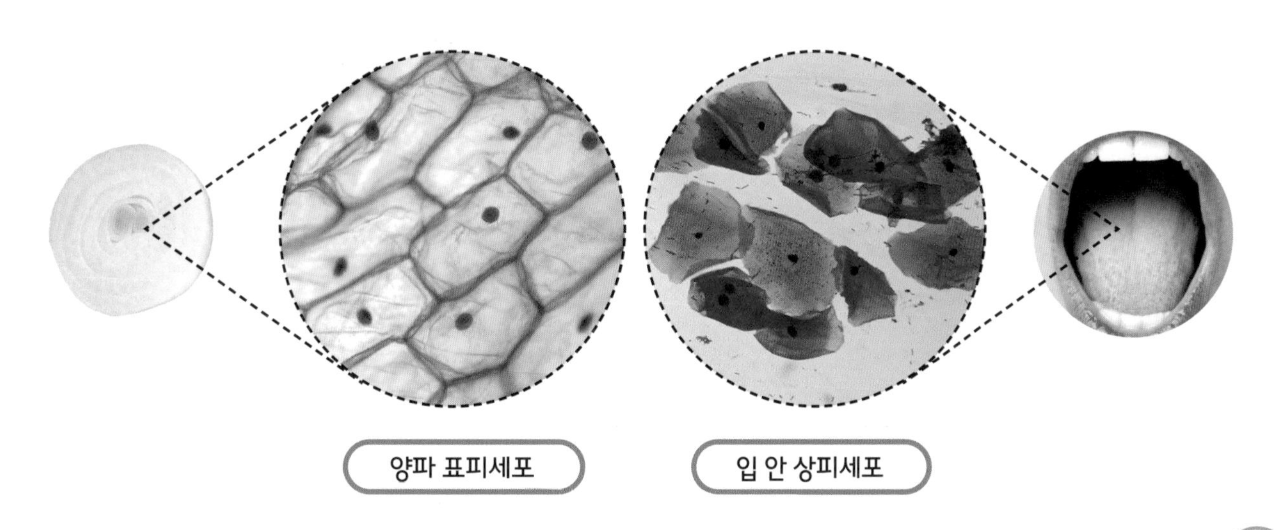

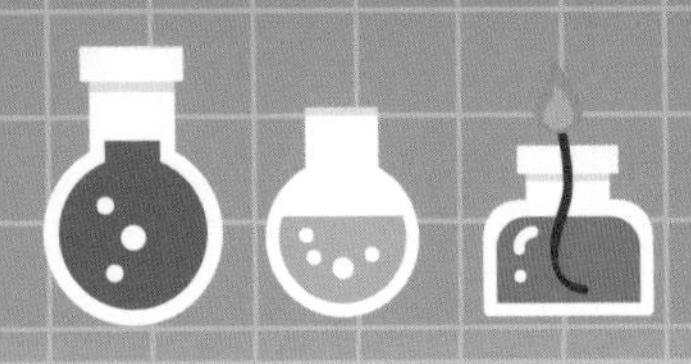

여기에서 표피세포와 상피세포는 비슷한 말입니다.

표피(表皮)세포의 표피는 식물의 겉이라는 뜻이며
한자로 표(表)는 '겉 표'이고, 피(皮)는 '가죽 피'입니다.

상피(上皮)세포는 우리 몸의 겉이나 몸속 장기의 겉을 덮고 있는 세포를 말하며,
한자로 상(上)은 '위 상'이고, 피(皮)는 '가죽 피'입니다.

교과서에서는 또
식물세포와 동물세포의 다른 점을 공부합니다.

식물세포와 동물세포의 가장 큰 차이점은
동물세포에는 세포벽이 없다는 점입니다.
세포막과 핵이 있는 점은 공통점입니다.

다음 그림을 통해 식물세포와 동물세포의 공통점과 차이점을 비교해 봅시다.

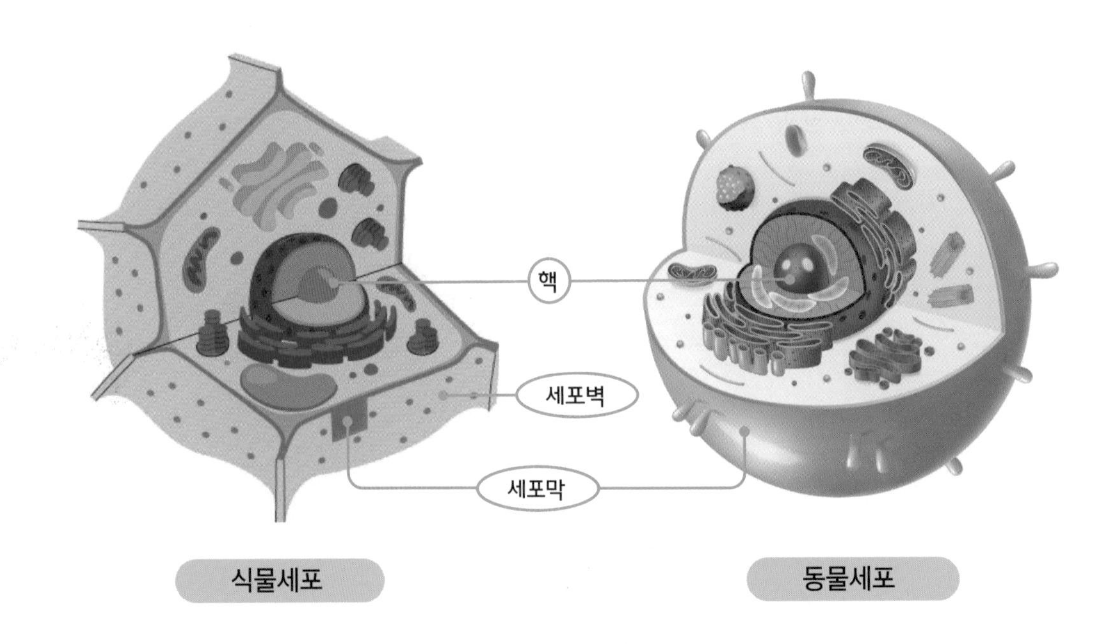

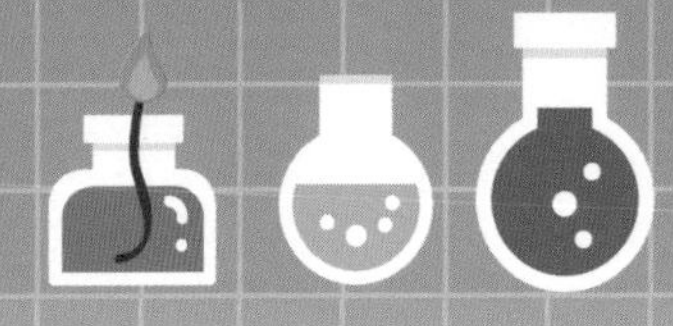

다음 □ 안에 알맞은 말을 써 보세요.

- 한자로 細胞라고 씁니다.
- 한자로 '가장 작고 가는 것'이라는 뜻입니다.
- 동물과 식물은 (   )로 구성되어 있습니다.
- (   )는 크기가 매우 작아 현미경으로 관찰해야 합니다.

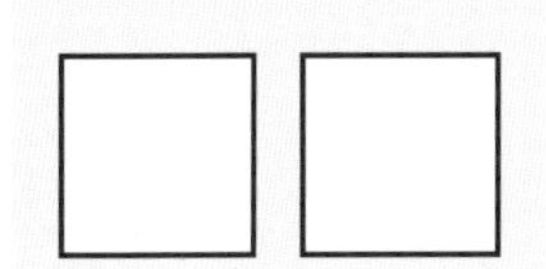

다음은 세포를 관찰한 내용입니다. 서로 관련 있는 것을 찾아 줄로 이어 보세요.

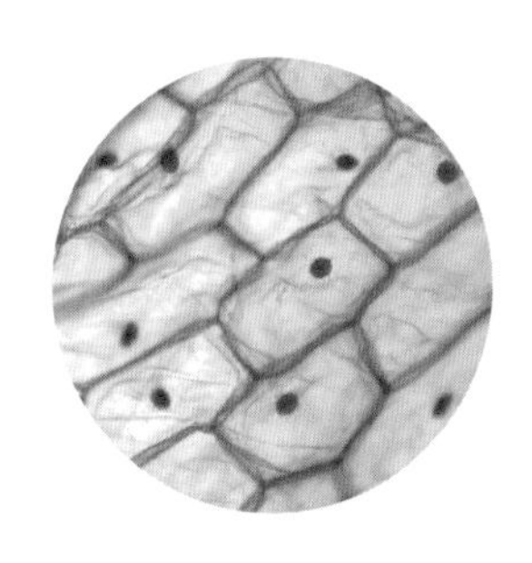

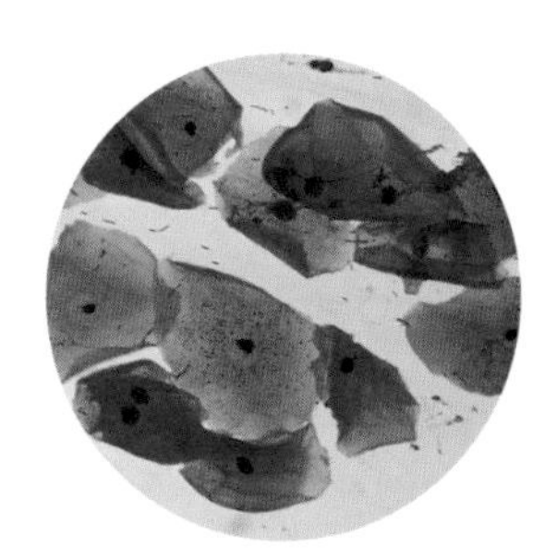

세포벽이 없음

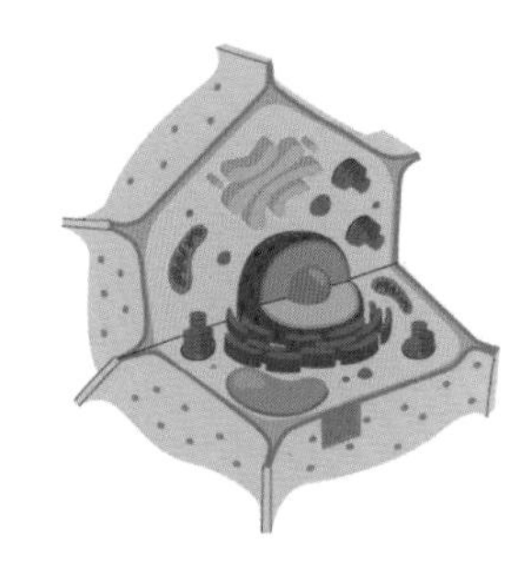

양파 표피세포 / 입 안 상피세포 / 식물세포 / 동물세포

한자를 읽고 쓰기 연습을 해 보세요.

細 가늘 세

세(細)는 가장 작고 가는 것을 뜻합니다.

細 細 細 細

細

胞 세포 포

포(胞)는 세포를 뜻합니다.

胞 胞 胞

胞

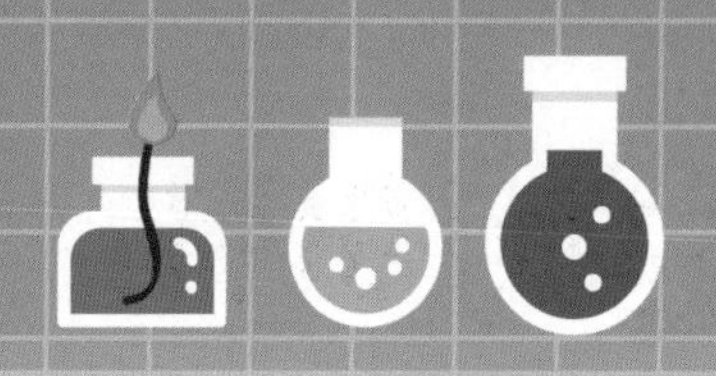

核 씨 **핵**

핵(核)은 씨앗을 뜻합니다.

核 核 核 核

核

한쏙 어휘 3-2

6학년 1학기

흡수
吸水

무슨 뜻인가요?

아래의 그림은
식물의 뿌리가 물을 빨아들여 마시는 모습을 나타낸 것입니다.

스펀지가 물을 빨아들이면 흡수했다고 합니다.
식물이 물을 빨아들여 마시는 것도 흡수한다고 합니다.

흡수는 한자로 吸水(흡수)라고 씁니다.

한자로 배워 봐요!

흡수는 한자로 吸水(흡수)라고 씁니다.
사람이 물을 먹을 때 '물을 마신다'고 하죠.

흡수(吸水)에서
흡(吸)은 빨아들여 마신다는 뜻으로 '마실 흡'입니다.
수(水)는 '물 수'입니다.

그러므로 한자로 흡수(吸水)는 '물을 빨아들여 마신다'는 뜻입니다.

한자로 흡수(吸水)는 물을 빨아들여 마신다는 뜻입니다.

흡수(吸水)를 한자로 쓰고 소리를 내어 읽어 봅시다.

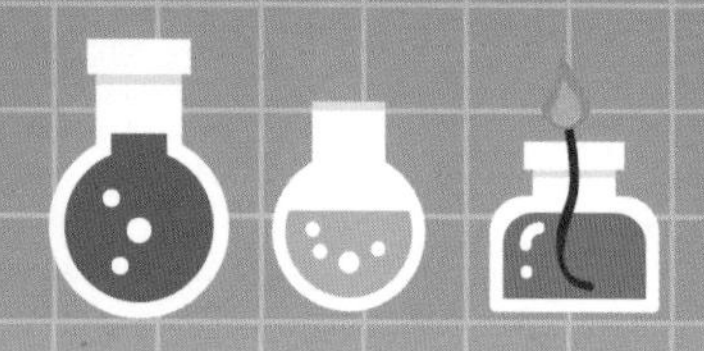

교과서에서는
먼저 뿌리가 물을 흡수하는 것을 실험으로 알아봅니다.

실험을 위해
같은 크기의 비커나 눈금실린더 또는 삼각플라스크를 두 개 준비합니다.
두 개의 용기에 같은 양의 물을 붓고, 같은 종류와 크기의 식물 두 개를 각각 물에 잠기도록 합니다.
이때 한쪽 식물은 뿌리를 그대로 두지만, 다른 쪽 식물은 뿌리를 잘라 낸 후 같은 장소에 두고 관찰합니다.

식물은 양파나 쪽파, 대파, 고추 모종 등을 이용합니다.

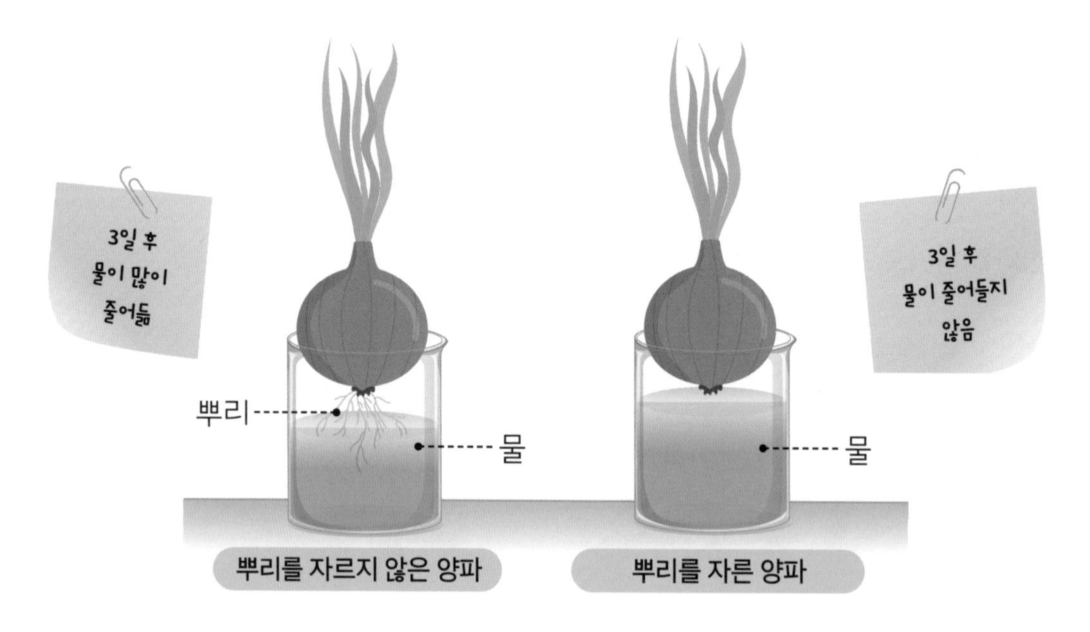

이 실험을 통해 우리는 식물의 뿌리가 물을 흡수한다는 것을 알 수 있습니다.

식물의 뿌리가 하는 일

- 뿌리는 물을 흡수(吸水)한다.
- 뿌리는 식물이 쓰러지지 않도록 지지해 준다.
- 뿌리는 양분을 저장하기도 한다.

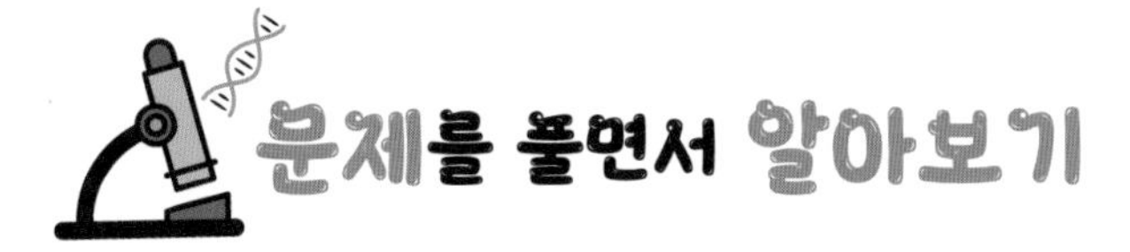

다음 □ 안에 알맞은 말을 써 보세요.

- 한자로 吸水라고 씁니다.
- 한자로 '물을 빨아들여 마신다'는 뜻입니다.

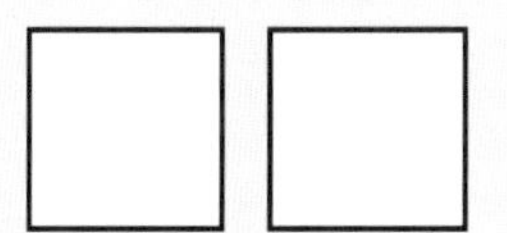

다음 식물 그림에서 물을 흡수하는 곳은 무엇인지 고르세요. (　　　)

① ㉮

② ㉯

③ ㉰

④ ㉱

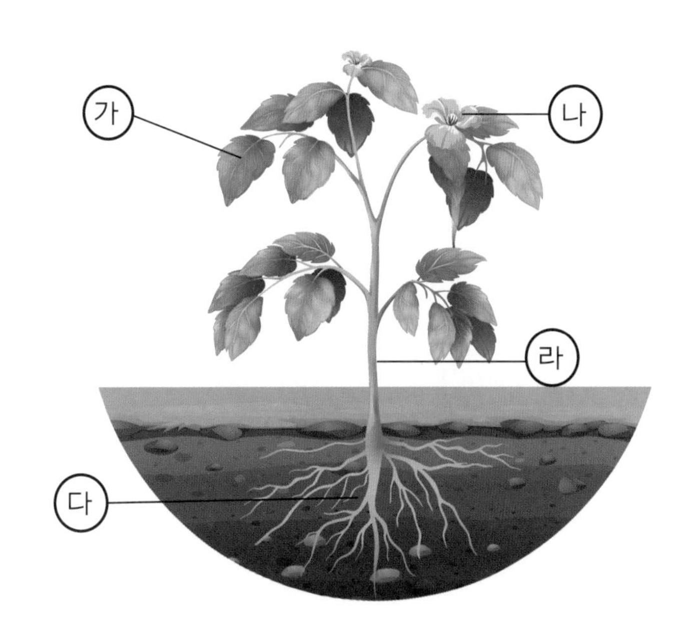

다음 중 식물의 뿌리가 하는 일이 아닌 것은 무엇인지 하나를 고르세요. (　　　)

① 뿌리는 물을 흡수한다.

② 뿌리는 식물이 쓰러지지 않도록 지지해 준다.

③ 뿌리는 양분을 저장하기도 한다.

④ 뿌리는 식물의 온도를 조절한다.

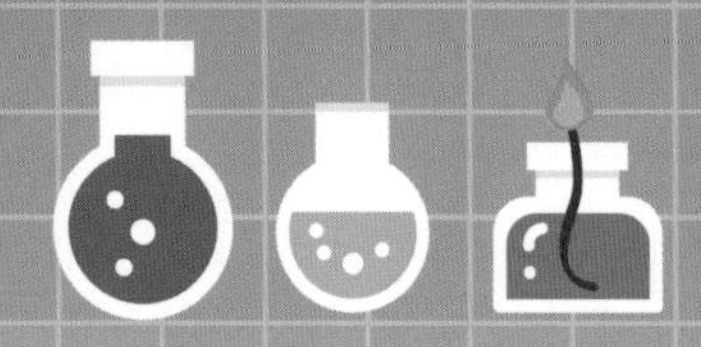

한자를 읽고 쓰기 연습을 해 보세요.

吸

마실 흡

흡(吸)은 빨아들여 마신다는 뜻을 지니고 있습니다.

吸 吸 吸 吸

吸

水

물 수

수(水)는 물을 뜻합니다.

水 水 水 水

水

한자를 단어로 기억해 봐요!

앞에서 배운 단어의 뜻을 기억하며 따라 써 보세요.

001

細 胞

가늘 세　　세포 포

세포

세포(細胞)는 가장 작고 가는 것을 뜻합니다.

예문 현미경으로 세포 조직을 관찰하다.

細 胞

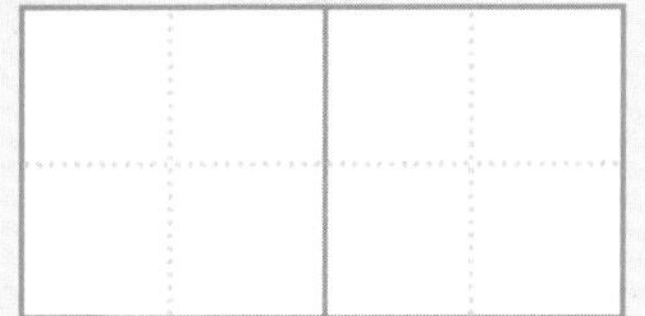

002

核

씨 핵

핵

핵(核)은 '씨'나 '핵심'을 뜻합니다.

예문 지구의 중심에는 내핵, 외핵이 있다.

核

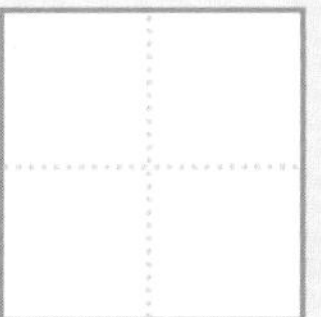

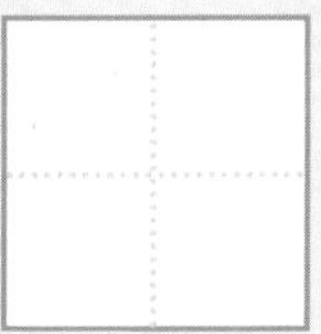

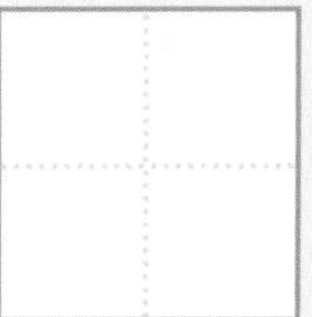

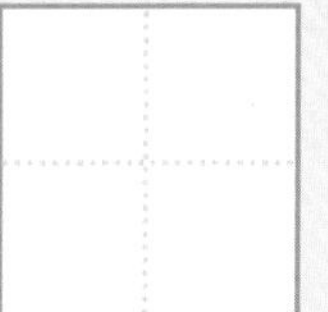

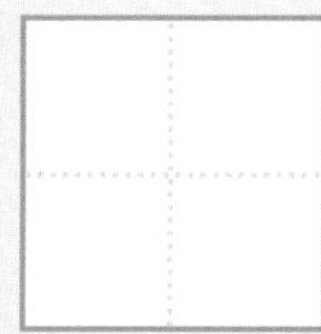

003

吸 水

마실 흡　　물 수

흡수

흡수(吸水)는 물을 빨아들여 마신다는 뜻입니다.

예문 식물의 뿌리는 물을 흡수한다.

吸 水

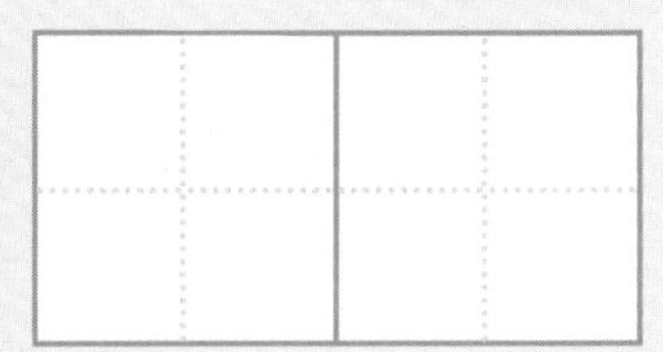

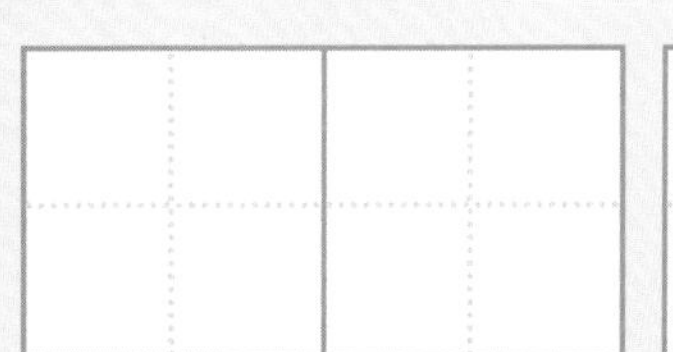

한쏙 어휘

3-3

6학년 1학기

광합성
光合成

무슨 뜻인가요?

식물은 빛과 이산화탄소, 뿌리에서 흡수한 물을 이용하여
스스로 양분을 만듭니다.
이것을 우리는 '광합성'이라고 합니다.

한자로 배워 봐요!

광합성에서, 광은 한자로 光(광)이라고 씁니다.
광(光)은 햇빛과 같은 빛을 뜻하며 '빛 광'입니다.

합성은 한자로 合成(합성)이라고 씁니다.
여기에서
합(合)은 합한다는 뜻으로, '합할 합'입니다.
성(成)은 만든다는 뜻을 지니며, '이룰 성'입니다.

그러므로 광합성(光合成)이란 '빛과 여러 가지가 합쳐져 무엇(양분)을 만드는 것'을 말합니다.

광합성(光合成)은 빛과 여러 가지가 합쳐져 양분을 만드는 것을 말합니다.

합성(合成)을 한자로 쓰고 소리를 내어 읽어 봅시다.

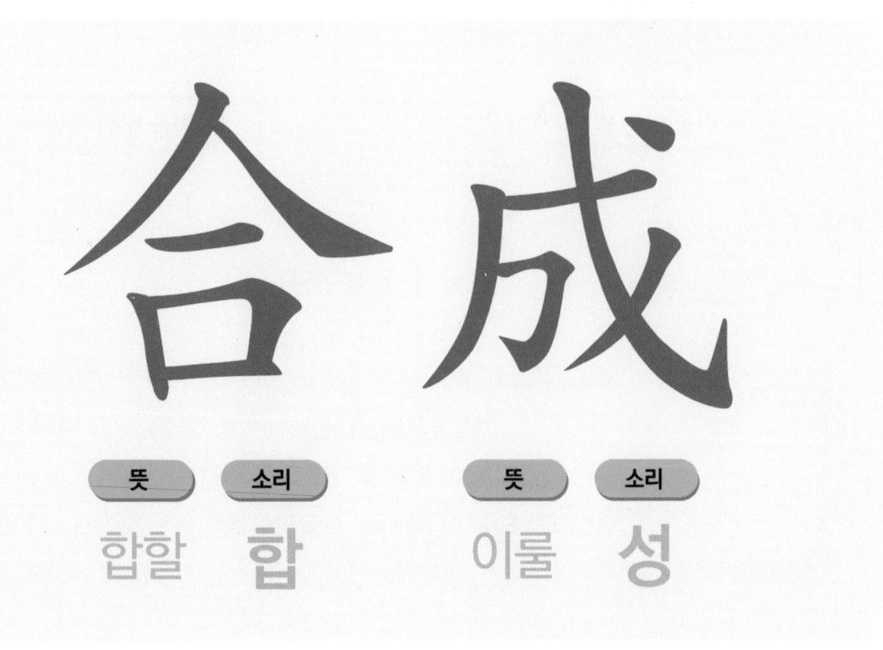

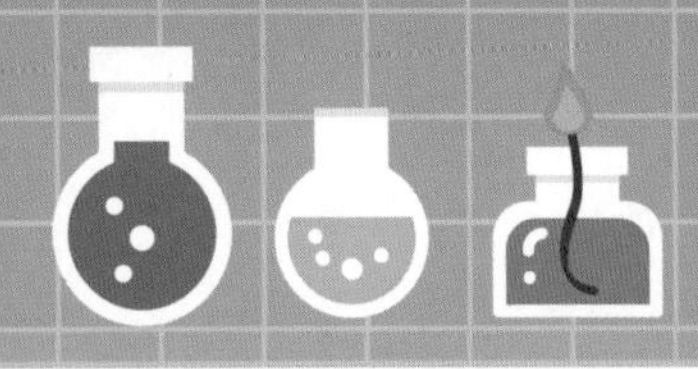

교과서에서는
식물의 잎이 빛을 받아 양분을 만들고 있다는 것을 알아보는 실험을 합니다.

실험 방법은, 식물에 달린 잎 두 개를 정한 후 하나의 잎은 빛을 받지 못하도록 알루미늄 포일로 씌워 둡니다.
다음날 두 장의 잎을 따서 알코올에 넣고 뜨거운 물로 가열해서 색을 없앤 후,
아이오딘-아이오딘화 칼륨 용액을 떨어뜨리고 관찰합니다.
아이오딘-아이오딘화 칼륨 용액을 만나
청람색으로 변하면 영양분인 녹말을 만들었다는 것을 알 수 있습니다.

식물의 잎에서 만든 양분을 확인하는 실험 결과

이 실험을 통해 우리는
식물의 잎이 빛을 받아 양분을 만든다는 것을 알 수 있습니다.

광합성(光合成)
식물의 잎이 물과 빛 그리고 공기 중의
이산화탄소를 이용해서 스스로 양분을 만드는 것

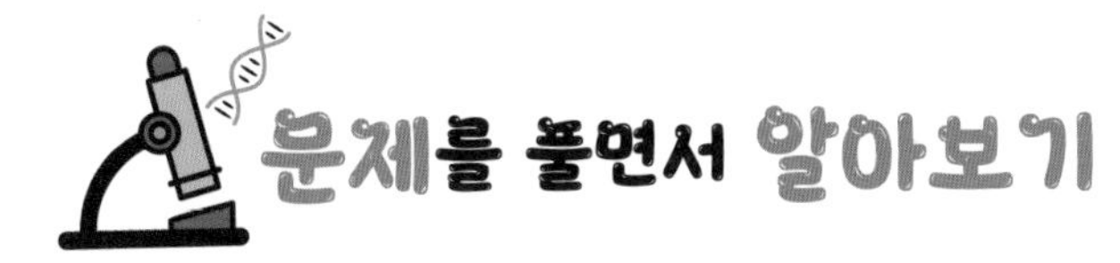

다음 □ 안에 알맞은 말을 써 보세요.

- 한자로 光合成이라고 씁니다.
- 한자로 '빛과 여러 가지가 합쳐져 무엇(양분)을 만드는 것'을 뜻합니다.
- 식물의 잎이 물과 빛 그리고 공기 중의 이산화탄소를 이용해서 스스로 양분을 만드는 것을 말합니다.

□□□

다음 실험 결과 만들어진 영양분은 무엇인가요?

① 식물에 달린 잎 두 개를 정한 후 하나의 잎은 빛을 받지 못하도록 알루미늄 포일로 씌워 둡니다.

② 다음날 두 장의 잎을 따서 알코올에 넣고 뜨거운 물로 가열해서 색을 없앤 후, 아이오딘-아이오딘화 칼륨 용액을 떨어뜨리고 관찰합니다.

③ 아이오딘-아이오딘화 칼륨 용액을 떨어뜨렸더니 잎이 청람색으로 변했습니다.

□□

다음 중 식물의 잎이 광합성을 할 때 이용하는 것이 아닌 것은 무엇인지 하나를 고르세요. (   )

① 물　② 공기 중의 이산화탄소　③ 빛　④ 양분

한자를 읽고 쓰기 연습을 해 보세요.

빛 **광**

광(光)은 햇빛과 같은 빛을 뜻합니다.

光 光 光

光

합할 **합**

합(合)은 합한다는 뜻을 지니고 있습니다.

合 合 合

合

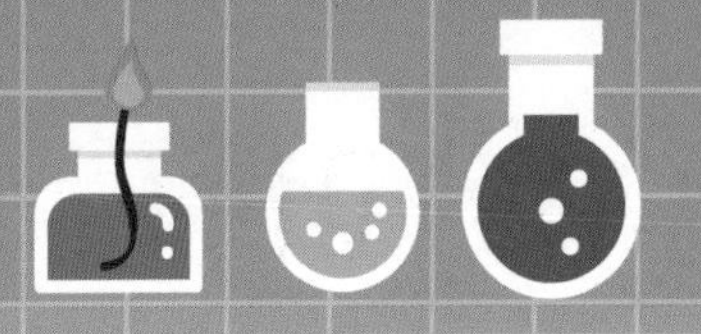

成

이룰 **성**

성(成)은 '만든다', '이루어지다'는 뜻을 지니고 있습니다.

成 成 成 成 成

成

한쏙 어휘 3-4

6학년 1학기

증산
蒸散

무슨 뜻인가요?

4학년 때
수증기(水蒸氣)와 증발(蒸發)에 대해 배웠습니다.

증발(蒸發)은 물을 쪄서 내보낸다는 뜻이라 했는데요.
보통 액체가 기체로 변하는 것을 말합니다.
증발(蒸發)에서 증은 한자로 '찔 증'입니다.

또 수증기(水蒸氣)는 물이 증발해서 된 기체를 말한다고 했습니다.
물론 수증기(水蒸氣)에서 증(蒸)도 한자로 '찔 증'입니다.

식물을 공부할 때 나오는 증산이란
눈에 보이지는 않지만
식물 속의 물이 잎을 통해 공기 중으로 흩어지는 것을 말합니다.

한자로 배워 봐요!

증산은 한자로 蒸散(증산)이라고 씁니다.

증산(蒸散)에서
증(蒸)은 증발한다는 뜻으로, '찔 증'입니다.
산(散)은 공기 중으로 흩어진다는 뜻으로, '흩어질 산'입니다.

그러므로 증산(蒸散)은 '식물의 잎에서 물이 증발하여 흩어진다'는 뜻이 있습니다.

한자로 증산(蒸散)은 식물의 잎에서 물이 증발하여 흩어진다는 뜻입니다.

증산(蒸散)을 한자로 쓰고 소리를 내어 읽어 봅시다.

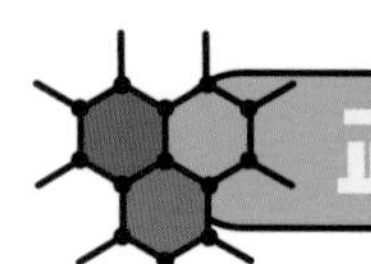

교과서에서 살펴보기

교과서에서는
식물의 잎이 증산 작용을 한다는 공부를 합니다.

증산 작용이란
식물의 잎이 뿌리에서 흡수한 물을 올려 광합성에 이용하고,
나머지는 수증기가 되어 공기 중으로 빠져나가는 현상이라고 배웁니다.

먼저 실험을 통해서
식물의 잎을 통해 수증기가 빠져나간다는 것을 확인합니다.

실험 방법은
식물의 잎을 비닐봉지를 감싼 후 시간이 흐른 뒤에 물방울이 맺히는지 확인해 보는 것입니다.

식물의 잎이 있는 비닐봉지에는 물방울이 맺히지만
식물의 잎이 없는 비닐봉지에는 물방울이 맺히지 않는 것을 확인할 수 있습니다.

잎의 증산 작용을 알아보는 실험

잎이 있는 식물

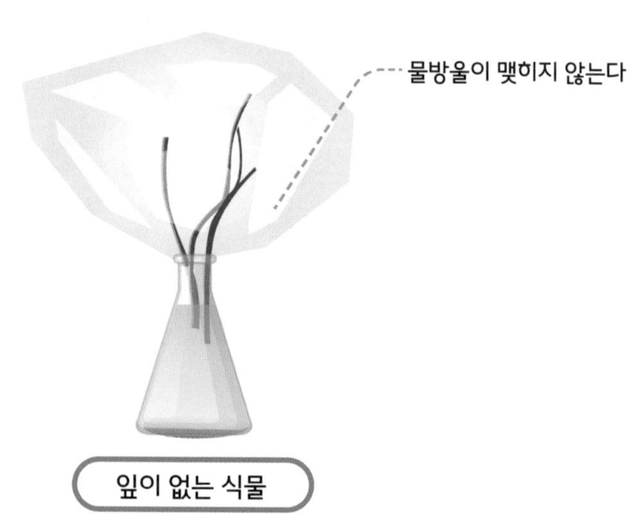

잎이 없는 식물

교과서에서는 또

잎의 표면에 눈에 보이지 않는 작은 구멍이 있다는 것을 공부합니다.

이 구멍을 기공(氣孔)이라 합니다.

기공은 한자로 氣孔이라고 씁니다.

기(氣)는 공기를 뜻하며 '기운 기'입니다.

공(孔)은 구멍을 뜻하며 '구멍 공'입니다.

그러므로 기공(氣孔)은 '공기가 드나드는 작은 구멍'을 말합니다.

기공은 주로 낮에 열리고 밤에 닫힙니다.

식물의 잎에 있는 기공을 현미경으로 확대해서 보면 아래와 같은 모습입니다.

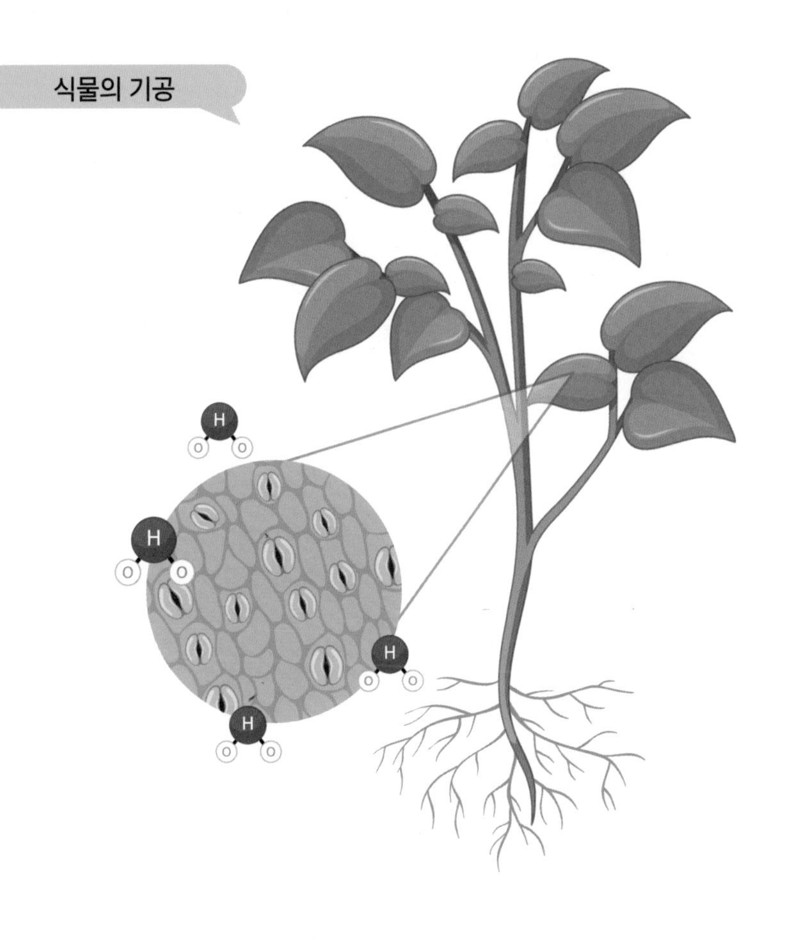

다음 □ 안에 알맞은 말을 써 보세요.

- 한자로 蒸散이라고 씁니다.
- 한자로 '식물의 잎에서 물이 증발하여 흩어진다'는 뜻입니다.

□□

- 한자로 氣孔이라고 씁니다.
- 한자로 '공기가 드나드는 구멍'을 말합니다.
- 잎의 표면에는 눈에 보이지 않지만, 작은 구멍이 있습니다. 이것은 주로 낮에 열리고 밤에 닫힙니다.

□□

다음 실험 결과, 시간이 흐른 후 비닐봉지에서 관찰할 수 있는 것은 무엇인가요?

- 오른쪽 그림과 같이, 물을 담은 삼각플라스크에 잎이 달린 식물을 넣고, 비닐봉지로 감싼 후 햇빛이 잘 드는 창가에 두고 3일 후에 비닐봉지를 관찰해 보았습니다.

□□□

찔 **증**

증(蒸)은 증발한다는 뜻을 지니고 있습니다.

蒸 蒸 蒸 蒸

蒸

散

흩어질 **산**

산(散)은 공기 중으로 흩어진다는 뜻을 지니고 있습니다.

散 散 散

散

한쪽 어휘 3-5

6학년 1학기

수분
受粉

무슨 뜻인가요?

식물의 꽃이
씨를 만들기 위해서는

수술에 있는 꽃가루가
암술로 옮겨져야 합니다.

다른 말로 표현하면
암술이 수술에 있는 꽃가루를 받아야 합니다.

암술이 수술에 있는 꽃가루를 받는 것을 '꽃가루받이'라고 합니다.
이 '꽃가루받이'를 한자로 수분이라고 합니다.

'수분'과 '꽃가루받이'는 같은 말입니다.

한자로 배워 봐요!

수분은 한자로 受粉(수분)이라고 씁니다.

수분(受粉)에서
수(受)는 받는다는 뜻으로, '받을 수'입니다.
분(粉)은 가루를 뜻하며, '가루 분'입니다.

그러므로 수분(受粉)은 '(꽃)가루를 받는다'는 뜻입니다.

한자로 수분(受粉)은 (꽃)가루를 받는다는 뜻입니다.

수분(受粉)을 한자로 쓰고 소리를 내어 읽어 봅시다.

교과서에서는 먼저
여러 종류의 꽃의 생김새를 자세히 관찰하는 공부를 합니다.

꽃을 관찰하면
꽃은 대부분 암술과 수술, 꽃잎과 꽃받침으로 이루어져 있다는 것을 알게 됩니다.
다음은 꽃의 생김새를 나타낸 그림입니다.

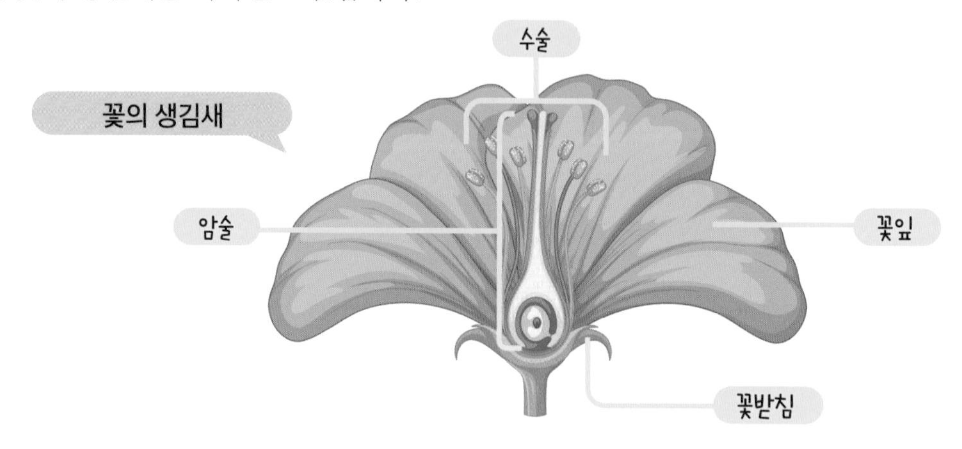

교과서에서는 또 꽃은 씨를 만든다는 것과
꽃이 씨를 만들기 위해서는 수술에 있는 꽃가루가 암술에 붙어야 한다는 것을 공부합니다.

수술의 꽃가루가 암술에 붙는 것을 꽃가루받이라고 하고
꽃가루받이는 한자로 수분(受粉)이라고 한다는 것을 공부합니다.
수분(受粉)을 그림으로 나타내면 아래와 같습니다.

꽃가루
수술
수술
수분(꽃가루받이)
암술

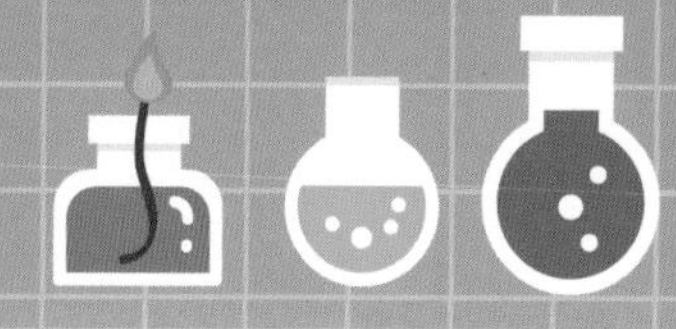

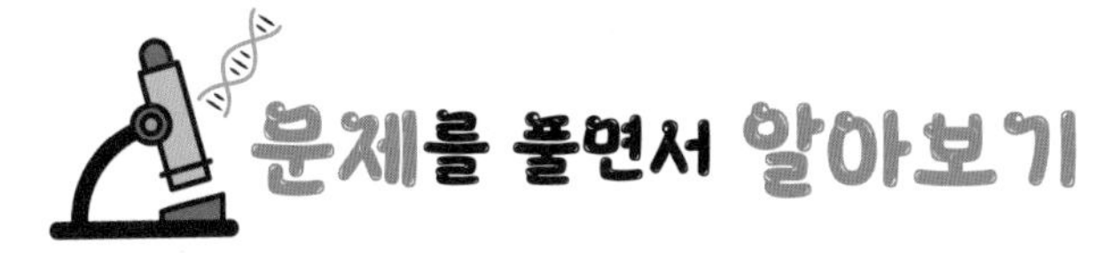

다음 □ 안에 알맞은 말을 써 보세요.

- 한자로 受粉이라고 씁니다.
- 한자로 '가루를 받는다'는 뜻입니다.

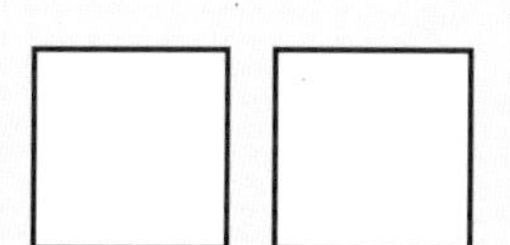

다음은 꽃의 생김새를 나타낸 그림입니다. □ 안에 들어갈 알맞은 말을 써 보세요.

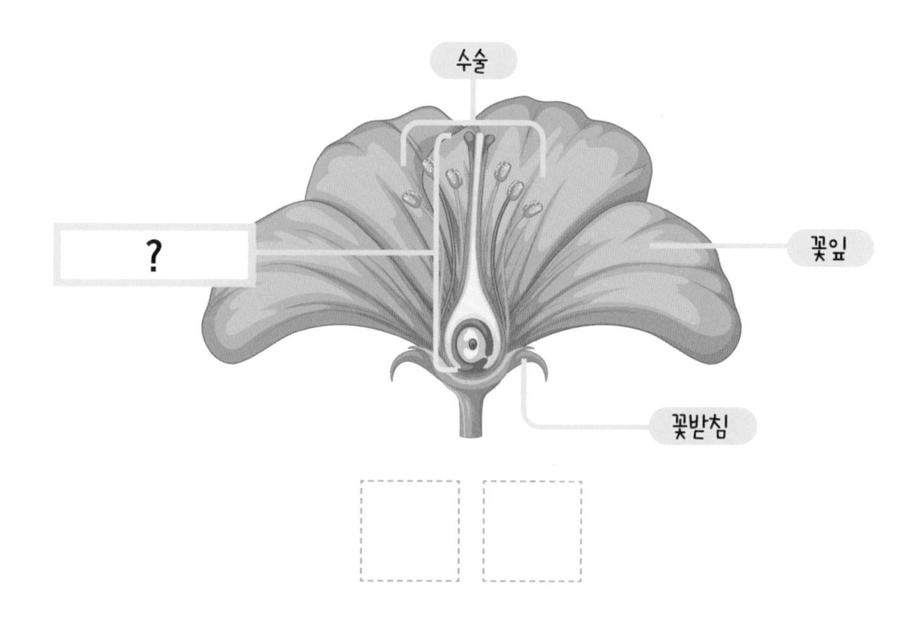

다음 중 수분(受粉, 꽃가루받이)과 가장 관련이 있는 것을 두 가지 고르세요. (　　,　　)

① 암술　　② 수술　　③ 꽃잎　　④ 꽃받침

한자를 읽고 쓰기 연습을 해 보세요.

받을 **수**

수(受)는 받는다는 뜻을 지니고 있습니다.

受 受 受 受

受

粉

가루 **분**

분(粉)은 가루를 뜻합니다.

粉 粉 粉 粉

粉

한자를 단어로 기억해 봐요!

앞에서 배운 단어의 뜻을 기억하며 따라 써 보세요.

001

光合成

빛 광 　 합할 합 　 이룰 성

광합성

광합성(光合成)은 빛과 여러 가지가 합쳐져 양분을 만드는 것입니다.

예문 식물의 성장에 있어 광합성은 중요한 것 중 하나다.

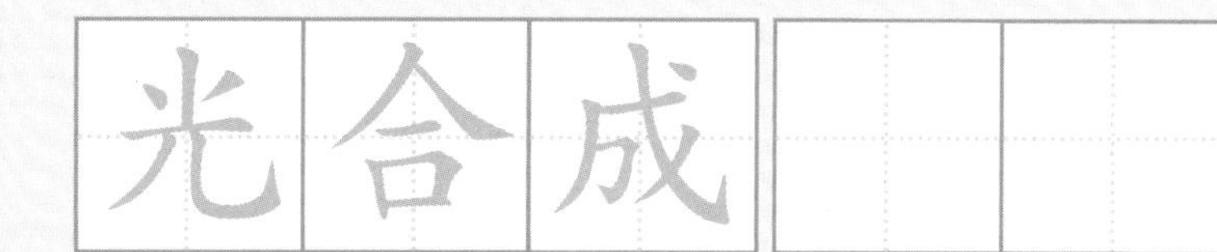

002

蒸散

찔 증 　 흩어질 산

증산

증산(蒸散)은 식물의 잎에서 물이 증발하여 흩어진다는 뜻입니다.

예문 식물의 증산 작용으로 공기 중의 습도가 유지된다.

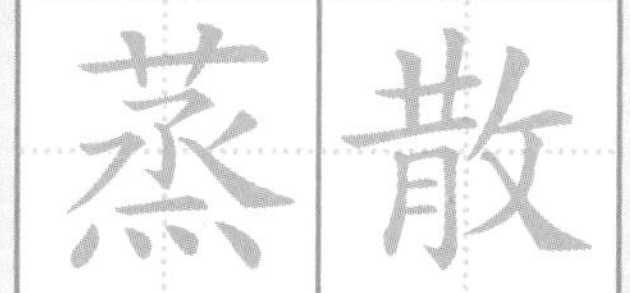

003

受粉

받을 수 　 가루 분

수분

수분(受粉)은 (꽃)가루를 받는다는 뜻입니다.

예문 수분이 이루어져야 열매를 맺을 수 있다.

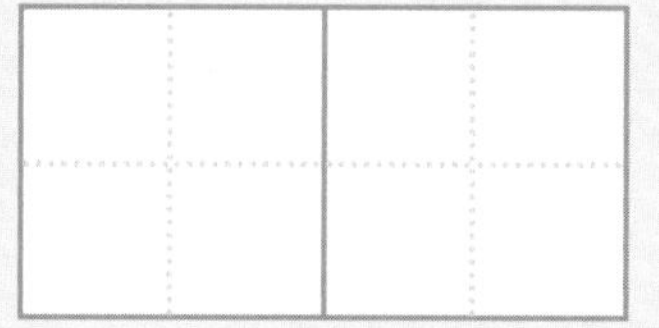

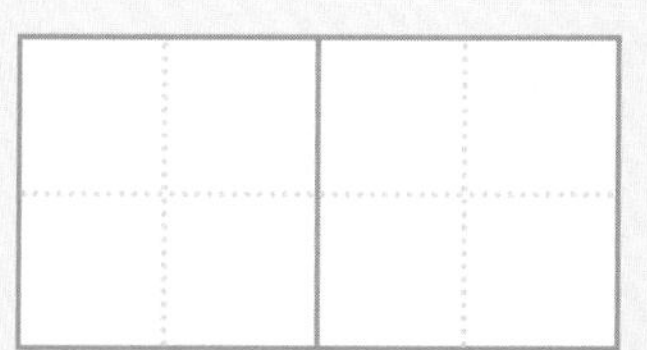

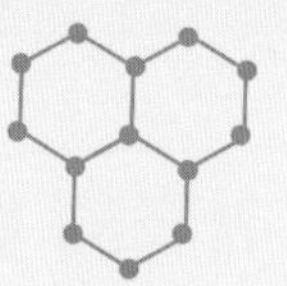
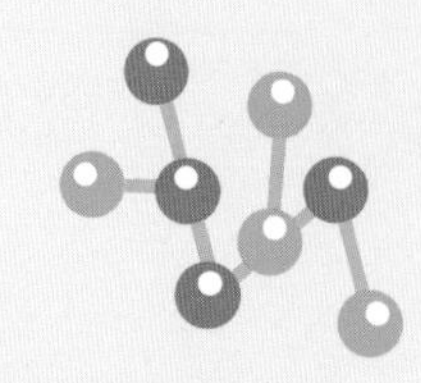

초등학교 과학 6학년 1학기

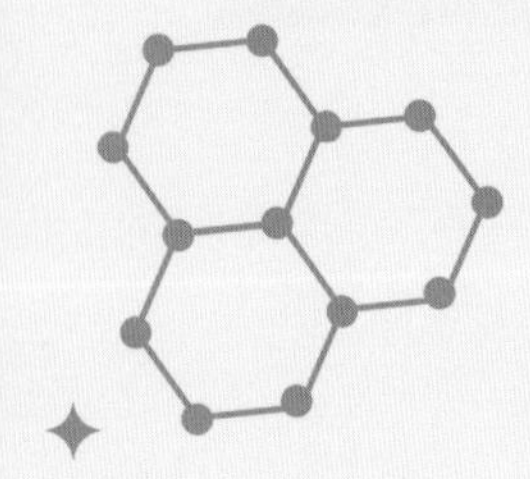

屈 折

4-1 빛의 굴절(屈折)

4
빛과 렌즈

한쏙 어휘 4-1

6학년 1학기

빛의 굴절 屈折

무슨 뜻인가요?

4학년 때, 빛의 반사를 공부했습니다.
거울에 빛을 비추면 돌아오거나
방향이 바뀌는 것을 빛의 반사(反射)라고 공부했습니다.

6학년 때는, 빛의 굴절에 대해 공부합니다.
다음 그림을 보며 빛의 반사와 굴절을 비교해 볼까요?

빛의 반사와 빛의 굴절 비교

한자로 배워 봐요!

굴절은 한자로 屈折(굴절)이라고 씁니다.

굴절(屈折)에서
굴(屈)은 구부러진다는 뜻으로, '굽힐 굴'입니다.
절(折)은 꺾인다는 뜻으로, '꺾을 절'입니다.

그러므로 굴절(屈折)은 '구부러져 꺾인다'는 뜻입니다.

한자로 굴절(屈折)은 구부러져 꺾인다는 뜻입니다.

굴절(屈折)을 한자로 쓰고 소리를 내어 읽어 봅시다.

교과서에서는
빛이 물을 만나거나 유리를 만나면 굴절(屈折)하는 것을 관찰하는 공부를 합니다.

실험 방법은
수조에 물을 채우고 레이저 지시기를 비추며 빛이 나아가는 모습을 관찰합니다.
또 빛이 유리로 나아갈 때 레이저 지시기를 비추며 빛이 나아가는 모습도 관찰합니다.

두 가지 실험 결과
빛은 서로 다른 물질의 경계에서
나아가는 방향이 꺾인다는 것을 알 수 있습니다.
실험 결과를 그림으로 나타내면 다음과 같습니다.

빛의 굴절을 알아보는 실험 결과

교과서에서는 또
빛이 직진(直進)하다가 서로 다른 물질의 경계선에서 꺾이는 것을
빛의 굴절(屈折)이라고 한다는 것을 공부합니다.

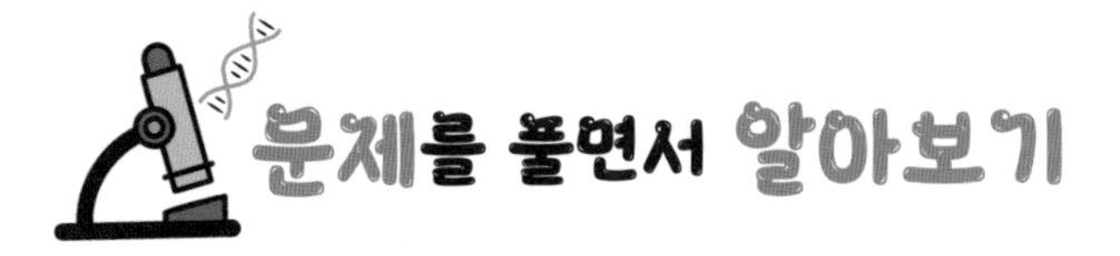

다음 □ 안에 알맞은 말을 써 보세요.

- 한자로 屈折이라고 씁니다.
- 한자로 '구부러져 꺾인다'는 뜻입니다.

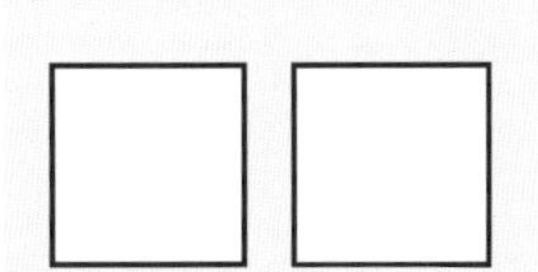

다음은 공기와 물의 경계면에서 빛이 나아가는 모습을 알아보기 위한 실험 장치입니다. 이 실험의 결과 빛이 나아가는 모습을 그림으로 그려 보세요.

다음 (   ) 안에 알맞은 말을, □ 안에 써 보세요.

- 한 물질에서 진행하던 빛이 다른 물질로 비스듬히 들어갈 때 두 물질의 경계면에서 진행 방향이 달라집니다. 이러한 현상을 (   )이라고 합니다.

한자를 읽고 쓰기 연습을 해 보세요.

屈 굽을 **굴**

굴(屈)은 구부러진다는 뜻을 지니고 있습니다.

屈 屈 屈 屈 屈

屈

折 꺾일 **절**

절(折)은 꺾인다는 뜻을 지니고 있습니다.

折 折 折

折

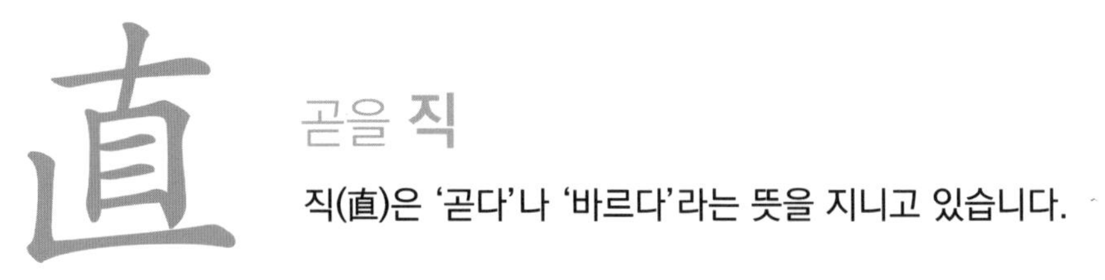

直 곧을 직

직(直)은 '곧다'나 '바르다'라는 뜻을 지니고 있습니다.

直 直 直

直

進 나아갈 진

진(進)은 '나아가다'나 '오르다'라는 뜻을 지니고 있습니다.

進 進 進 進

進

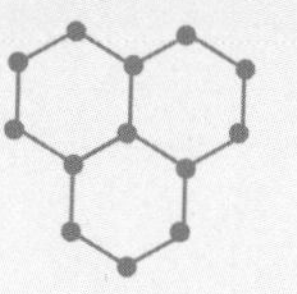

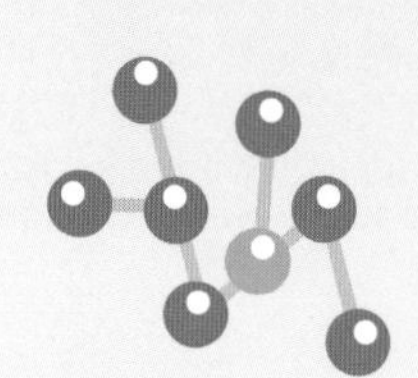

초등학교 과학 6학년 2학기

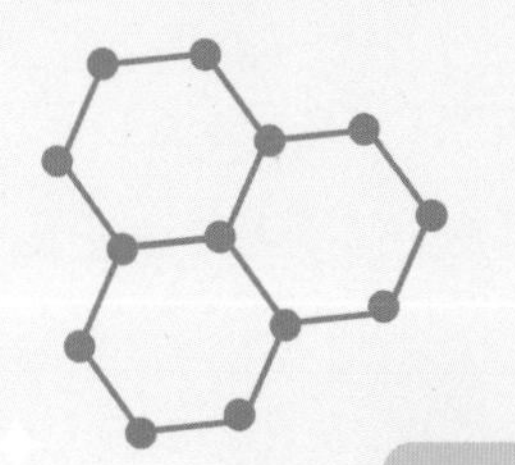

1-1 전기회로(電氣回路)

1-2 직렬(直列), 병렬(竝列)

1
전기의
이용

한쏙 어휘 1-1

6학년 2학기

전기회로

電氣回路

무슨 뜻인가요?

학교에 다니는 길이 있고
물도 흘러가는 길이 있듯이
전기도 흐르는 길이 있습니다.

아래의 그림은
전기가 흐르는 길을 화살표로 나타낸 것입니다.
전기가 흐르는 길을 한자로 회로(回路)라고 합니다.

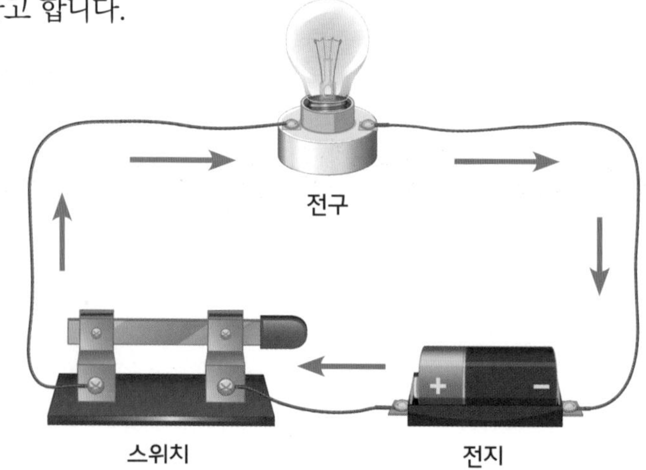

전기가 흐르는 길(회로)

한자로 배워 봐요!

회로는 한자로 回路(회로)라고 씁니다.

회로(回路)에서
회(回)는 돌아온다는 뜻으로, '돌아올 회' 입니다.
로(路)는 '길 로' 입니다.

그래서 회로(回路)는 '도는 길'이라는 뜻입니다.
그러므로 전기회로(回路)는 '전기가 도는 길'을 말합니다.

한자로 전기회로(回路)는 전기가 도는 길을 뜻합니다.

회로(回路)를 한자로 쓰고 소리를 내어 읽어 봅시다.

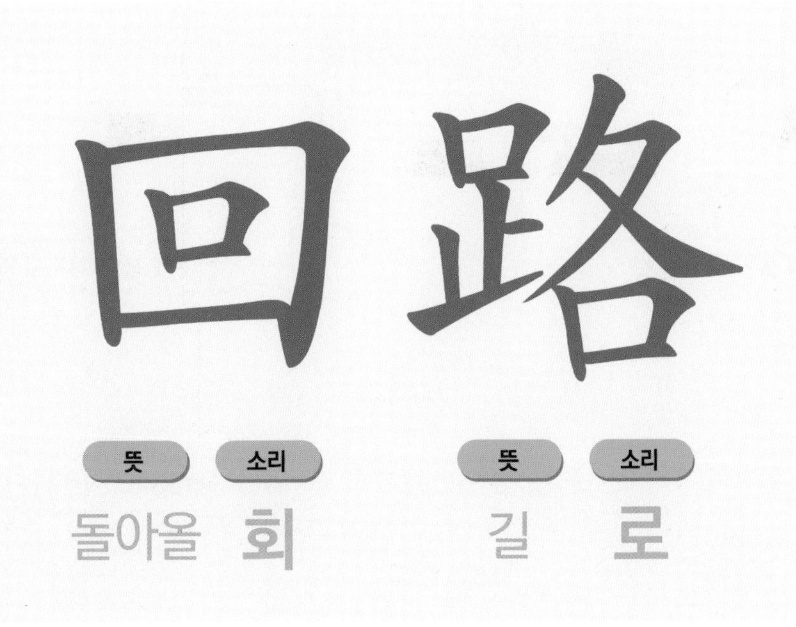

교과서에서는
먼저 전지와 전구 그리고 전선과 스위치를 연결하여
전구에 불을 켜 보는 실험을 합니다.

실험 방법은
전지와 전구 그리고 전선과 스위치를 연결하여
어떤 경우에 불이 켜지고
어떤 경우에 불이 켜지지 않는지를 확인합니다.

실험 결과,
전구와 전지의 양 끝이 끊어지지 않게 연결되면 전구에 불이 켜진다는 것을 알 수 있습니다.
또 전선 사이에 스위치가 있는 경우에는 스위치도 닫아야 불이 켜진다는 것을 알 수 있습니다.

전구에 불이 켜지는 조건 실험 결과

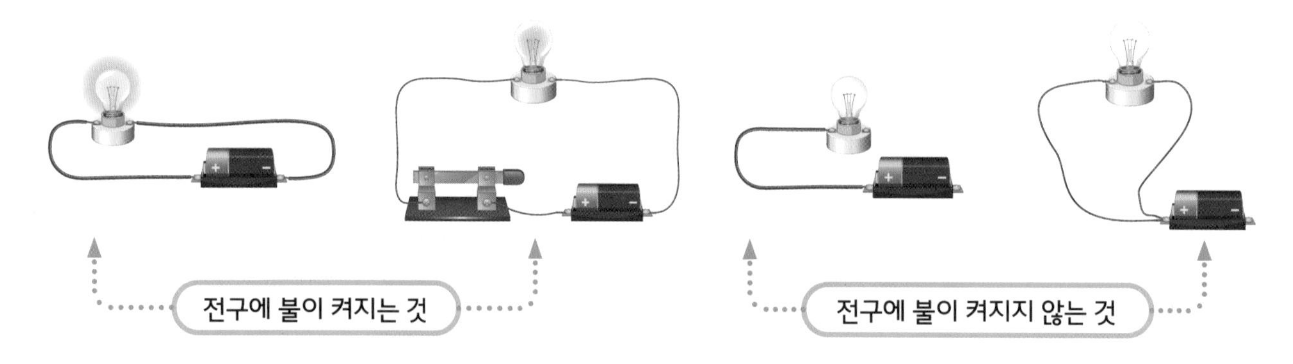

교과서에서는 또
전기 부품을 서로 연결해 전기가 흐를 수 있게 만든 것을 전기회로(回路)라고 한다는 것을 공부합니다.

문제를 풀면서 알아보기

다음 □ 안에 알맞은 말을 써 보세요.

- 한자로 回路라고 씁니다.
- 한자로 '(전기가) 도는 길'을 뜻합니다.

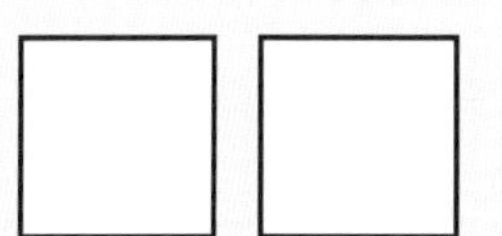

다음은 여러 가지 전기 부품을 연결한 그림입니다. 서로 관련 있는 것을 찾아 줄로 이어 보세요.

전구에 불이 켜지는 것

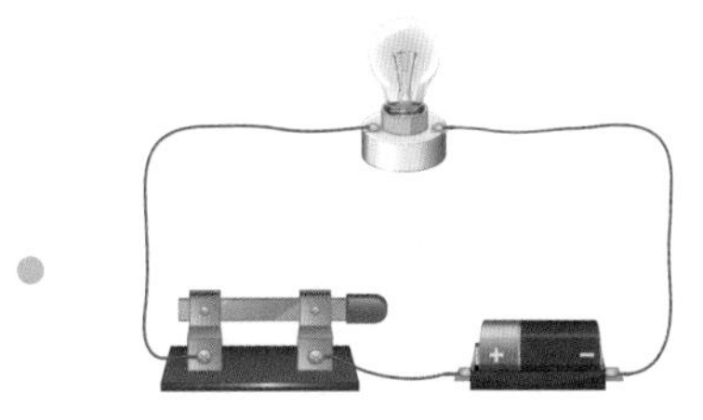

전구에 불이 켜지지 않는 것

한자를 읽고 쓰기 연습을 해 보세요.

돌아올 **회**

회(回)는 돌아온다는 뜻을 지니고 있습니다.

路

길 **로**

로(路)는 '길'을 뜻합니다.

路 路 路

路

電

번개 **전**

전(電)은 '번개'나 '전기', '빠름'이라는 뜻으로 쓰입니다.

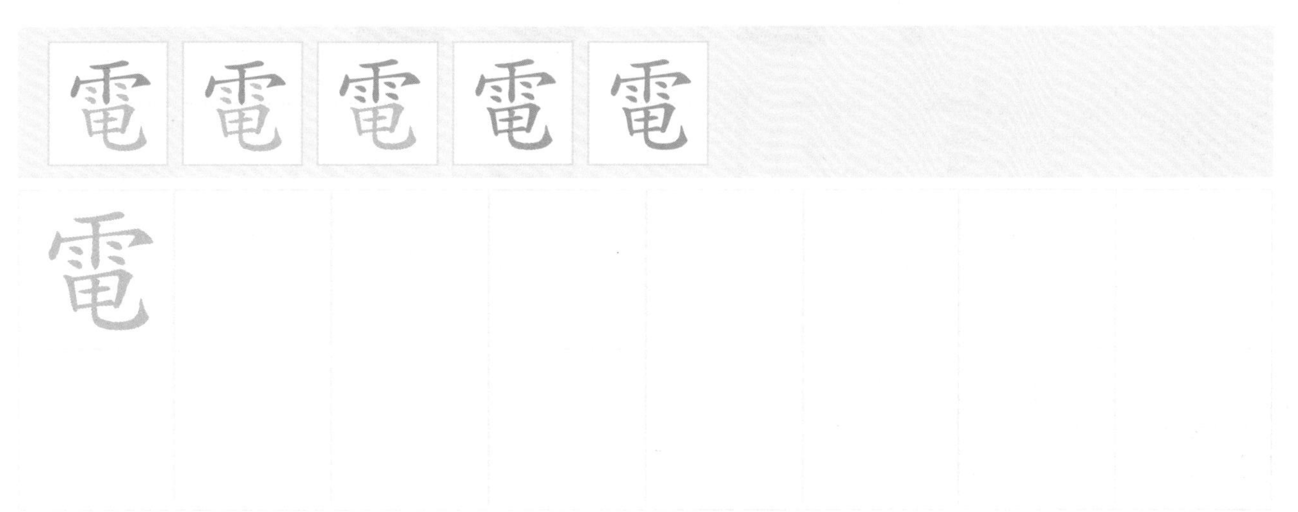

氣

기운 **기**

기(氣)는 '기운'이나 '기세', '날씨'라는 뜻으로 쓰입니다.

氣	氣	氣	氣	氣

氣

한쪽 어휘 1-2

6학년 2학기

직렬, 병렬
直列, 竝列

무슨 뜻인가요?

전기회로 공부를 잘하려면
먼저 직렬 연결과 병렬 연결을 잘 알아야 합니다.

먼저 전지의 직렬 연결과 병렬 연결한 모습을
어떤 특징이 있는지 비교하며 살펴볼까요?

또 전구의 직렬 연결과 병렬 연결한 모습도 살펴보세요.

전지의 직렬 연결과 병렬 연결

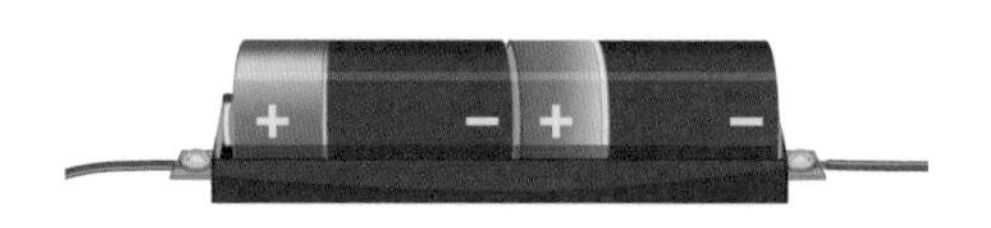

전지의 직렬 연결

전지의 병렬 연결

전구의 직렬 연결과 병렬 연결

전구의 직렬 연결

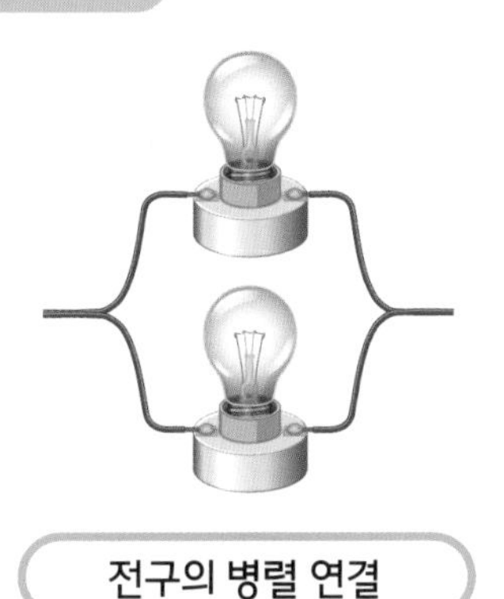

전구의 병렬 연결

직렬 연결과 병렬 연결은 각각 어떤 특징이 있나요?

직렬 연결은 한 줄로 곧게 연결되어 있고
병렬 연결은 여러 줄로 나란히 연결되어 있습니다.
그래서
직렬은 한자 '곧을 직(直)'을 사용하고
병렬은 한자 '나란히 병(竝)'을 사용합니다.

한자로 배워 봐요!

1. 직렬

直列(직렬) 연결에서
직(直)은 한 줄로 곧다는 뜻으로, '곧을 직'입니다.
렬(列)은 줄 세운다는 뜻으로, '줄 렬'입니다.

그러므로 직렬(直列) 연결은
'한 줄로 곧게 줄 세우는 연결'을 뜻합니다.

한자로 직렬(直列) 연결은 한 줄로 곧게 줄 세우는 연결을 뜻합니다.

직렬(直列)을 한자로 쓰고 소리를 내어 읽어 봅시다.

2. 병렬

竝列(병렬) 연결에서

병(竝)은 여러 줄이 나란하다는 뜻으로, '나란히 병' 입니다.

렬(列)은 줄 세운다는 뜻으로, '줄 렬' 입니다.

그러므로 병렬(竝列) 연결은

'여러 줄로 나란히 줄 세우는 연결'을 말합니다.

한자로 병렬(竝列) 연결은 여러 줄로 나란히 줄 세우는 연결을 뜻합니다.

병렬(竝列)을 한자로 쓰고 소리를 내어 읽어 봅시다.

교과서에서 살펴보기

교과서에서는

전구의 연결 방법에 따라

전구의 밝기가 어떻게 달라지는지 알아보는 실험을 합니다.

실험 방법은 전구 두 개를

하나는 직렬 연결로, 다른 하나는 병렬로 연결합니다.

전구의 직렬 연결

전구의 병렬 연결

이 전구들에

같은 수의 전지를 연결해서 전기 회로를 만듭니다.

그리고

전구의 밝기를 비교해 보는 실험입니다.

전구의 연결 방법에 따른 전구의 밝기 비교 실험 결과

전구 두 개를 직렬로 연결할 때

전구 두 개를 병렬로 연결할 때

이 실험 결과, 병렬로 연결할 때 전구가 더 밝다는 것을 알 수 있습니다.

문제를 풀면서 알아보기

다음 □ 안에 알맞은 말을 써 보세요.

- 한자로 直列이라고 씁니다.
- 한자로 '한 줄로 곧게 줄 세운다'는 뜻입니다.

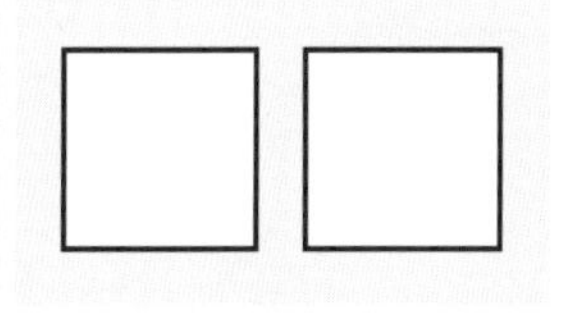

- 한자로 竝列이라고 씁니다.
- 한자로 '여러 줄로 나란히 줄 세운다'는 뜻입니다.

다음은 전구의 연결 방법에 따른 전구의 밝기를 비교하는 실험입니다. 두 전기회로 중 더 밝은 전기회로를 찾아 □ 안에 < 또는 >로 표시하세요.

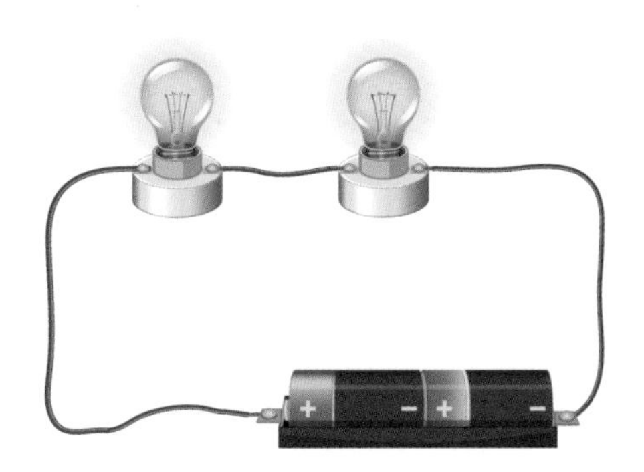

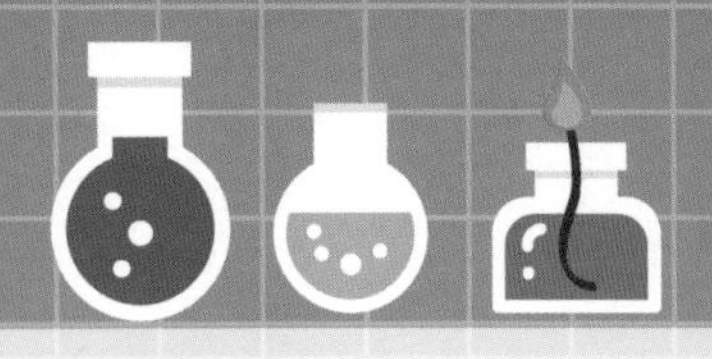

한자를 읽고 쓰기 연습을 해 보세요.

곧을 **직**

직(直)은 '곧다'나 '바르다'라는 뜻을 지니고 있습니다.

直 直 直

直

列

줄 **렬**

렬(列)은 줄 세운다는 뜻입니다.

列 列 列 列 列

列

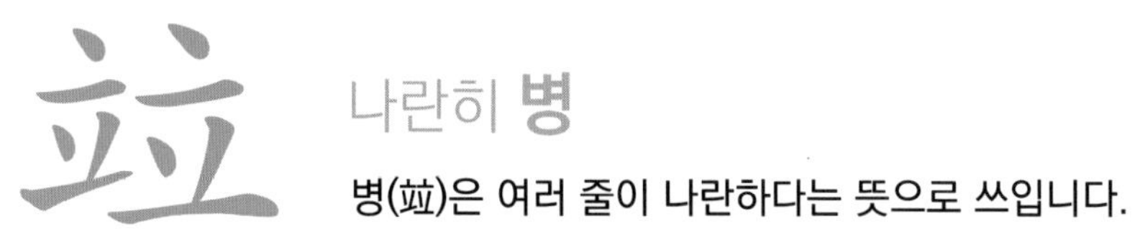

竝 나란히 **병**

병(竝)은 여러 줄이 나란하다는 뜻으로 쓰입니다.

竝 竝 竝 竝 竝

竝

列 줄 **렬**

렬(列)은 줄 세운다는 뜻입니다.

列 列 列 列 列

列

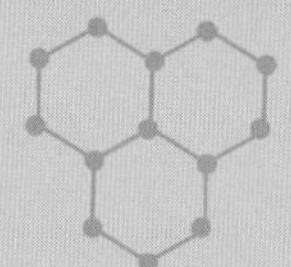

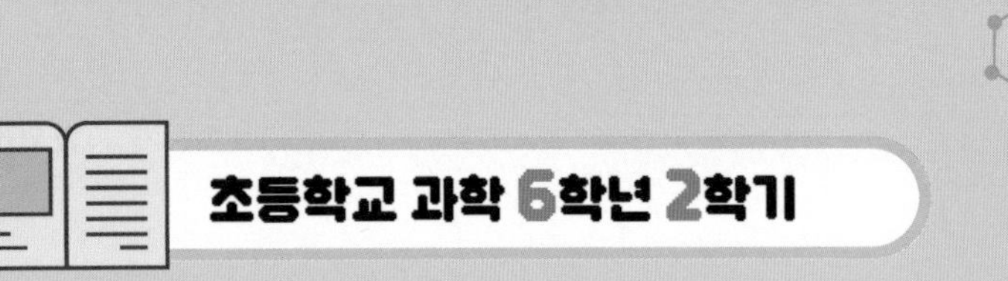

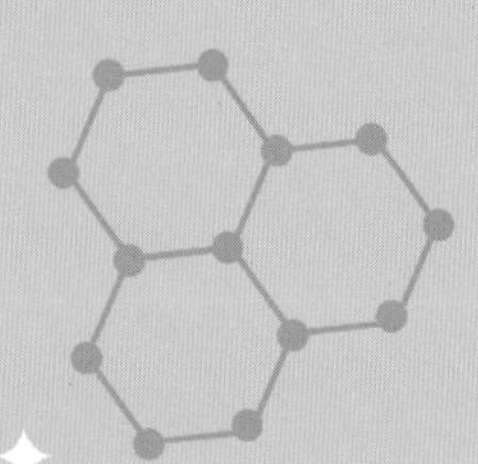

2-1 남중고도(南中高度)

2
계절의
변화

한쏙 어휘 2-1

6학년 2학기

남중고도
南中高度

무슨 뜻인가요?

아침에 동쪽에서 태양이 뜹니다.
낮에 점점 높이 떠오른 태양은
저녁이 되면 다시 지게 됩니다.

태양은 하루 동안 높이가 계속 달라집니다.
태양이 높이 떠 있는 정도를 태양의 고도라 합니다.

하루 동안 태양의 높이 변화

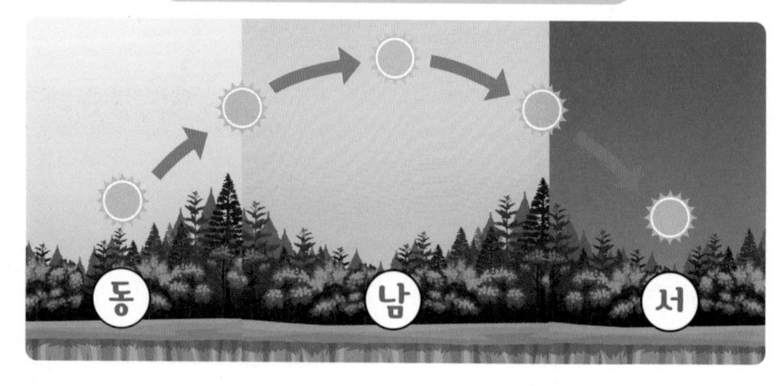

한자로 배워 봐요!

1. 고도

고도는 한자로 고도(高度)라고 씁니다.

고도(高度)에서
고(高)는 '높을 고'입니다.
도(度)는 어떤 정도를 나타내는 '법도 도'입니다.
온도와 습도를 한자로 쓸 때도 이 '법도 도'를 사용합니다.

그러므로 태양의 고도(高度)는 '태양이 높이 떠 있는 정도'입니다.

한자로 태양의 고도(高度)는 (태양이) 높이 떠 있는 정도를 말합니다.

고도(高度)를 한자로 쓰고 소리를 내어 읽어 봅시다.

2. 남중

남중은 한자로 南中(남중)이라고 씁니다.

남중(南中)에서
남(南)은 남쪽을 말하는 '남녘 남'입니다.
중(中)은 가운데를 나타내는 '가운데 중'입니다.

그러므로 남중고도는 태양이 남쪽의 한가운데 있을 때의 고도를 말합니다.

태양의 남중고도(南中高度)는 태양이 남쪽의 가운데 떠 있을 때의 높이를 말합니다.

남중(南中)을 한자로 쓰고 소리를 내어 읽어 봅시다.

교과서에서는

태양 고도 측정기를 만들어서 태양의 고도와 그림자의 길이를 측정하는 실험을 합니다.

태양의 고도와 그림자 길이 측정 실험

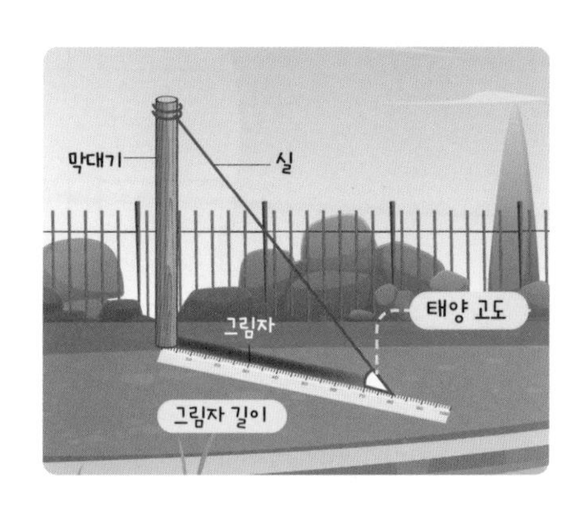

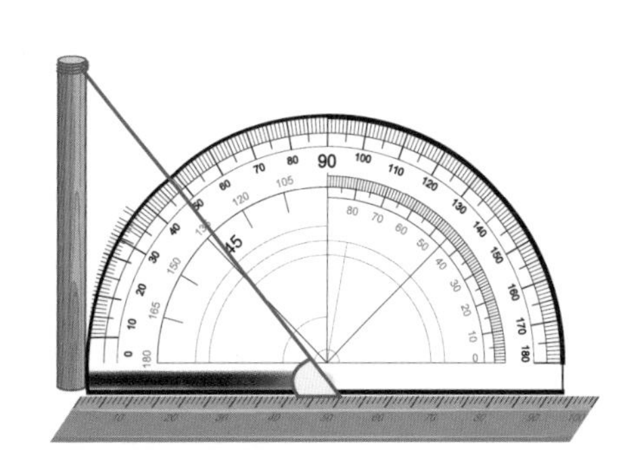

실험을 통해, 막대기의 끝과 막대기 그림자의 끝이 이루는 각도를 측정해서 태양의 고도를 알아냅니다.

또 태양의 고도는 태양이 떠 있는 높이를 지표면과 이루는 각으로 나타낸 것이라고 한다는 것을 공부합니다.

교과서에서는 또 하루 동안 태양의 고도를 측정해 보며 하루 중 태양이 남쪽 중앙에 위치하면 '태양이 남중했다'고 한다는 것을 공부합니다.

그리고 남중했을 때 태양의 고도가 가장 높고, 이때의 태양 고도를 남중고도라고 한다는 것을 공부합니다.

하루 동안의 고도 실험 결과와 태양의 남중고도

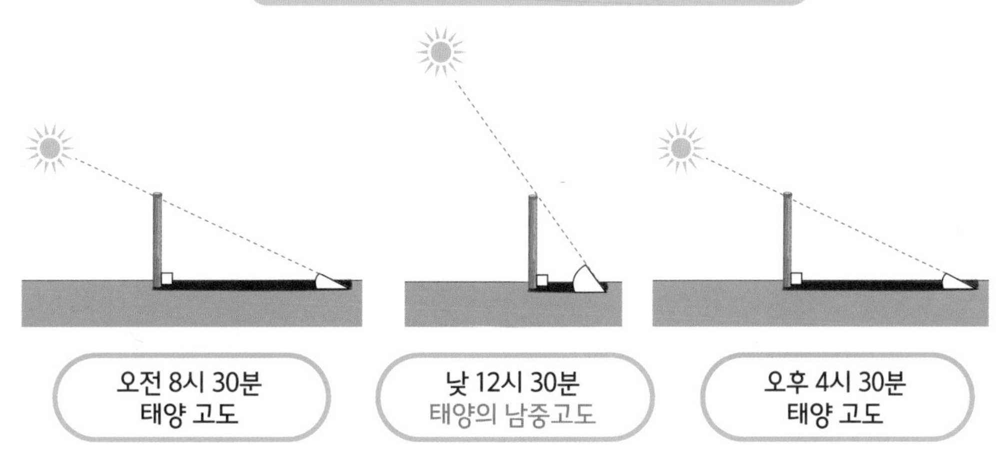

문제를 풀면서 알아보기

다음 □ 안에 알맞은 말을 써 보세요.

- 한자로 南中이라고 씁니다.
- 한자로 '남쪽의 가운데'를 뜻합니다.

□□

- 한자로 高度라고 씁니다.
- 한자로 '(태양이) 높이 더 있는 정도'를 말합니다.

□□

다음 태양 고도 측정기로 고도를 측정할 때 각도를 재는 곳은 어디일까요?

① 가
② 나
③ 다
④ 라

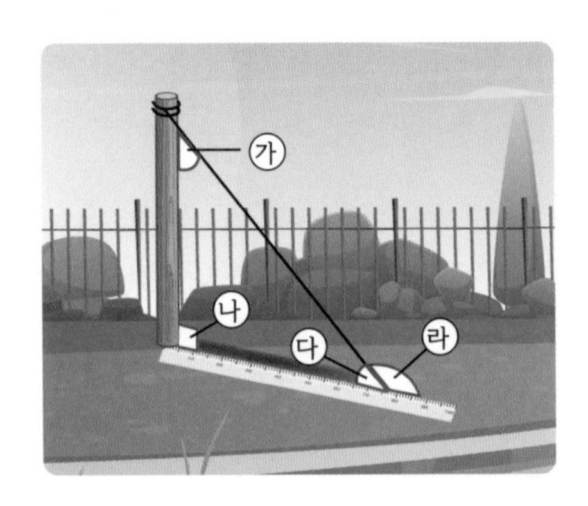

다음 중 태양의 남중고도는 무엇일까요? (　　　)

① 오전 8시 30분 태양 고도

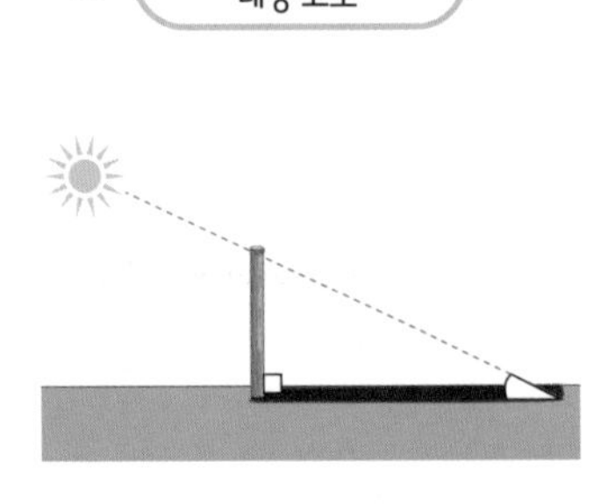

② 낮 12시 30분 태양 고도

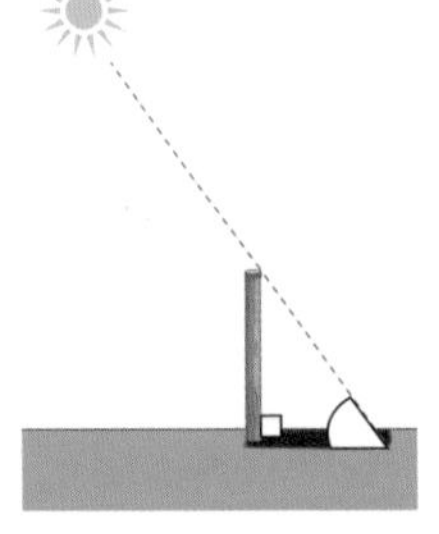

③ 오후 4시 30분 태양 고도

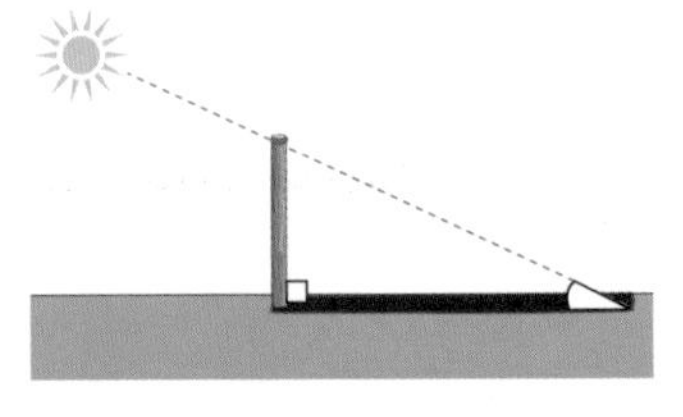

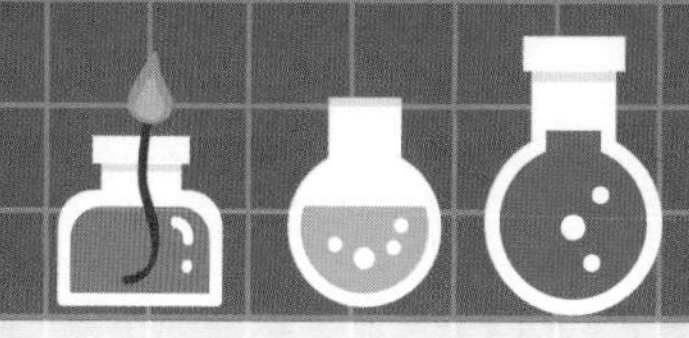

한자를 읽고 쓰기 연습을 해 보세요.

南

남녘 **남**

남(南)은 남쪽을 뜻합니다.

南 南 南 南

南

가운데 **중**

중(中)은 가운데라는 뜻을 지니고 있습니다.

中 中

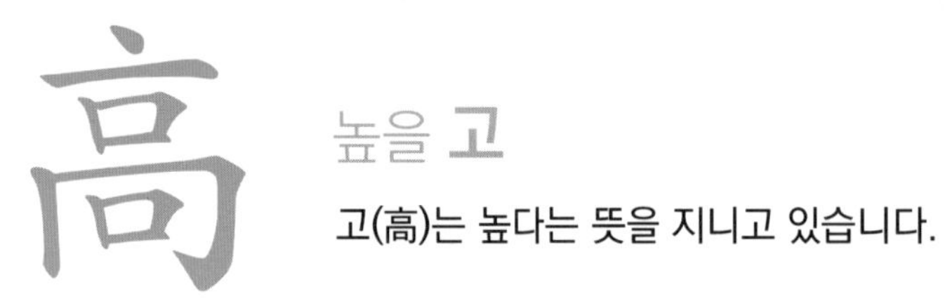

높을 **고**

고(高)는 높다는 뜻을 지니고 있습니다.

度

법도 **도**

도(度)는 어떤 정도를 나타내는 뜻입니다.

度 度 度 度

度

한자를 단어로 기억해 봐요!

앞에서 배운 단어의 뜻을 기억하며 따라 써 보세요.

001

屈折

굽힐 굴　　꺾을 절

굴절

굴절(屈折)은 구부러져 꺾인다는 뜻입니다.

예문 빛은 수면을 지나면서 굴절 현상을 일으킨다.

屈 折

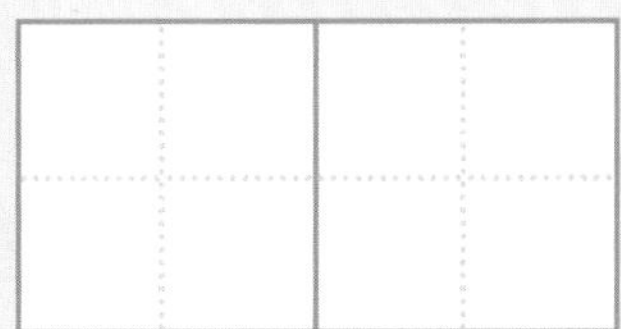

002

直列

곧을 직　　줄 렬

직렬

직렬(直列)은 한 줄로 곧게 줄 세우는 연결을 뜻합니다.

예문 전구 두 개를 직렬로 연결한다.

直 列

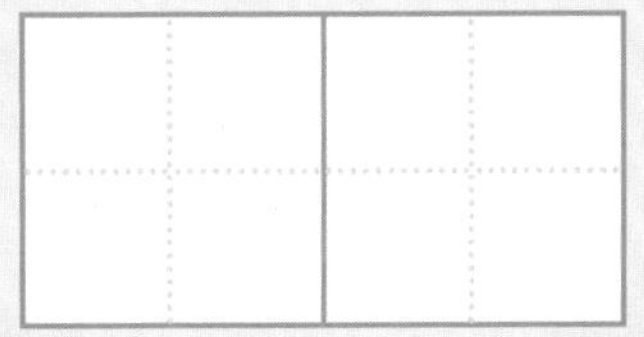
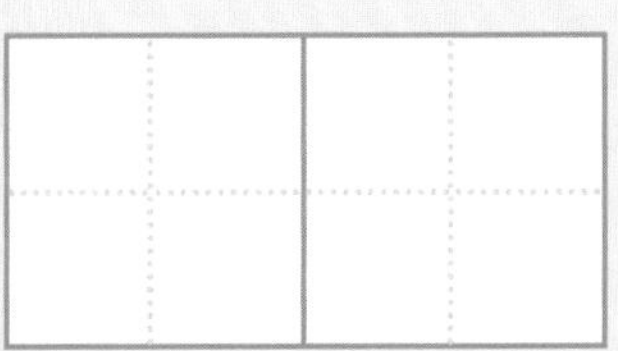

003

돌아올 회　　길 로

회로

회로(回路)는 전기가 도는 길을 뜻합니다.

예문 전기 회로가 끊어져서 전기가 나갔다.

回 路

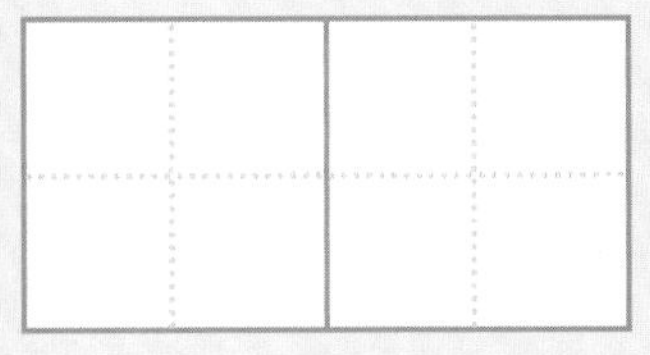
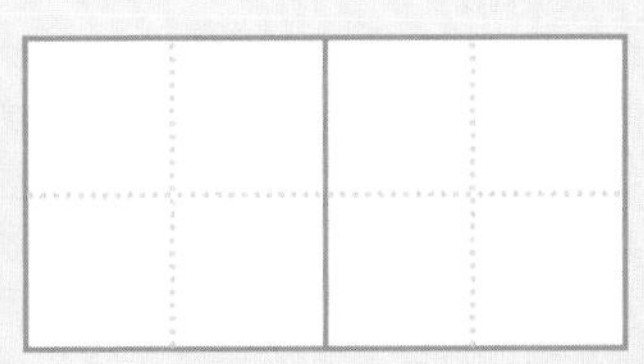
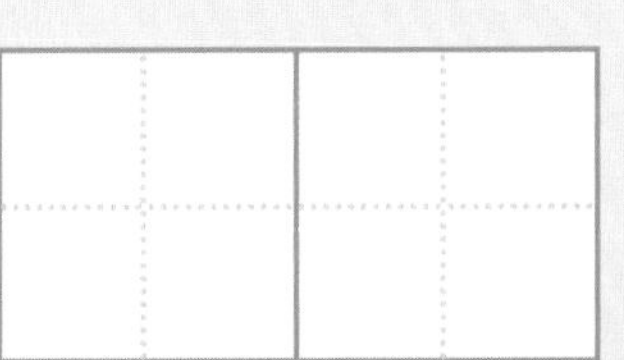

초등학교 과학 6학년 2학기

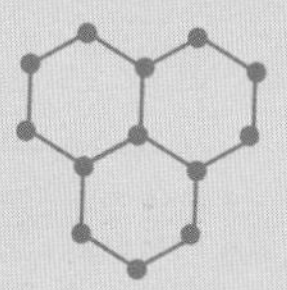

3
연소와 소화
粉

한쏙 어휘

3-1

6학년 2학기

연소
燃燒

무슨 뜻인가요?

아래의 사진들은
여러 물체가 연소되는 모습입니다.

여러 물체가 연소되는 모습

모닥불 나무의 연소

산불의 연소

숯의 연소

사진들의 공통점은 무엇인가요?
네, 모두 불에 탄다는 공통점이 있습니다.
물체가 불에 타는 것을 한자로 '연소한다'라고 합니다.

한자로 배워 봐요!

연소는 한자로 燃燒(연소)라고 씁니다.

연소(燃燒)에서

연(燃)은 불에 탄다는 뜻의 '탈 연'입니다.

소(燒)는 불사른다는 뜻의 '사를 소'입니다.

그러므로 연소(燃燒)는 '불에 탄다'라는 뜻입니다.

한자로 연소(燃燒)는 불에 탄다는 뜻입니다.

연소(燃燒)를 한자로 쓰고 소리를 내어 읽어 봅시다.

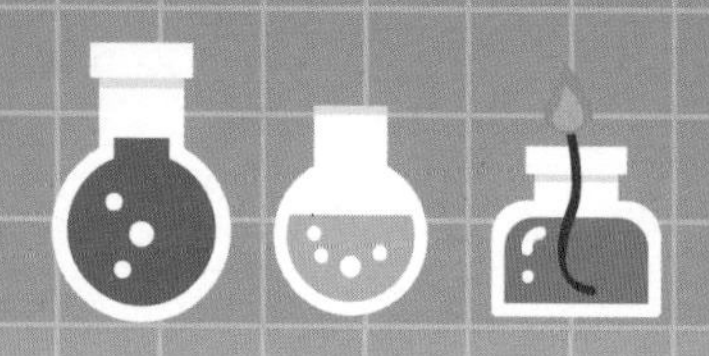

교과서에서는

불이 탈 때 공통으로 나타나는 현상을 관찰합니다.

실험 방법은 양초나 알코올 램프에 불을 붙이고 관찰합니다.

실험 결과, 물질이 연소할 때는 주변이 밝아지고 따뜻해진다는 것을 알 수 있습니다.

다른 말로 표현하면

물질은 연소할 때 빛과 열을 냅니다.

연소할 때 공통으로 나타나는 현상

초의 연소

알코올의 연소

빛과 열을 낸다.

교과서에서는 또 물질이 타려면 산소가 필요하다는 것과, 연소란 물질이 산소와 반응하여 빛과 열을 내는 현상이라는 것을 공부합니다.

연소를 위해서는 탈 물질과 산소 그리고 발화점 이상의 온도가 필요합니다. 이것을, 연소를 위한 세 가지 조건이라고 합니다.

발화점은 다음 장에서 자세히 알아볼게요.

연소를 위한 세 가지 조건

탈 물질

산소

발화점 이상의 온도

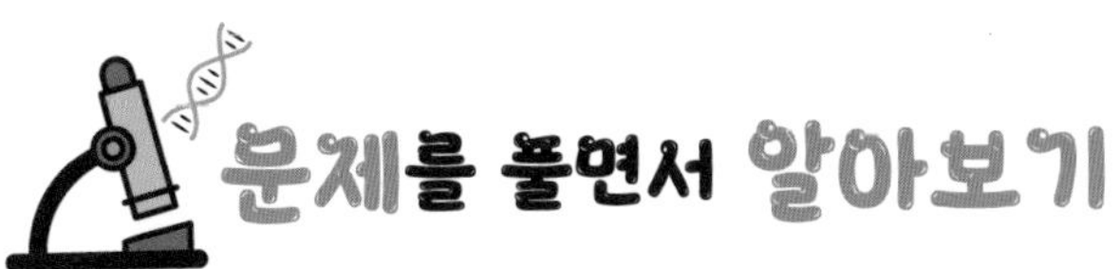

다음 □ 안에 알맞은 말을 써 보세요.

- 한자로 燃燒라고 씁니다.
- 한자로 '불에 탄다'는 뜻입니다.

□ □

다음 중 연소를 위한 세 가지 조건이 아닌 것은 무엇일까요? (   )

① 탈 물질　　② 산소　　③ 온도　　④ 물

다음 글을 읽고 ( ) 안에 가장 알맞은 답을 아래의 보기에서 두 가지를 골라 써 보세요.

보기
소리　산소　물　빛　열

- 물질이 연소할 때는 주변이 밝아지고 따뜻해 진다는 것을 알 수 있습니다.
  다른 말로 표현하면, 물질은 연소할 때 (   ) 과 (   )을 냅니다.

□, □

한자를 읽고 쓰기 연습을 해 보세요.

燃 탈 연

연(燃)은 불에 탄다는 뜻입니다.

燃 燃 燃 燃

燃

燒 사를 소

소(燒)는 불사른다는 뜻을 지니고 있습니다.

燒 燒 燒 燒

燒

화재 발생 시 행동 요령

주변에 알립니다.

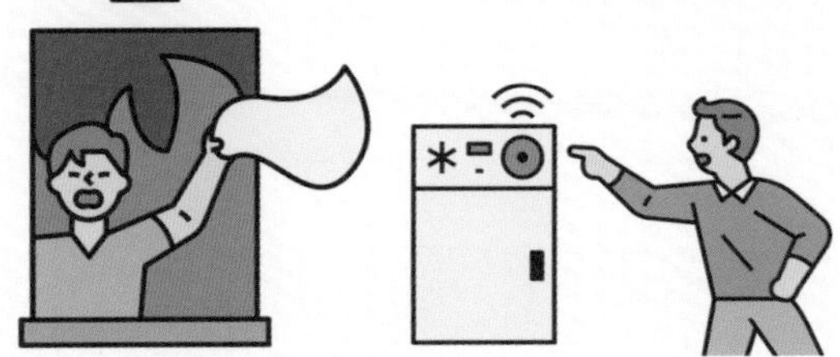

불이 난 것을 발견하면 **"불이야!"**라고 소리치거나
비상벨을 눌러 **주변에 알리도록** 합니다.

119로 신고합니다.

안전하게 대피한 후 **119에 신고**합니다.
신고하느라 대피 시간을 놓치지 않도록 합니다.

불을 끌 것인지 대피할 것인지 판단합니다.

작은 불이라면 **소화기나 물양동이 등을 활용하여 신속히 끕니다.**
불길이 커져서 대피해야 할 경우 **젖은 수건 등으로 입을 막고 계단을 통해** 밖으로 대피합니다.

한쏙 어휘 3-2

6학년 2학기

발화점
發火點

무슨 뜻인가요?

물질이 타기 위해서는
불이 필 수 있는 온도가 필요합니다.
그리고 물질에 따라 스스로 불을 피우는 온도가 다릅니다.

아래 그림은 세 가지 물질을 알코올램프로 가열하는 실험입니다.

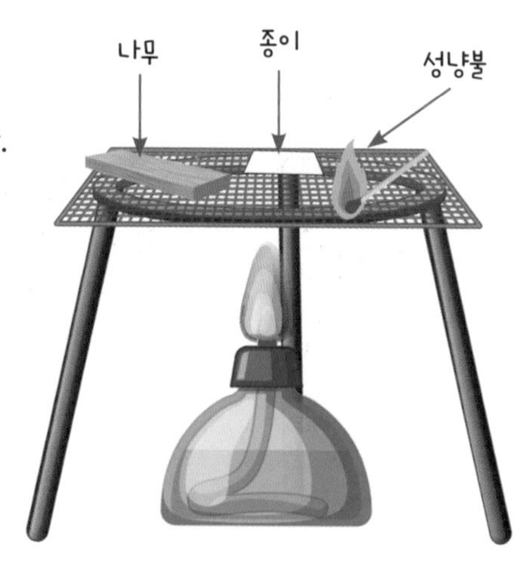

물질을 가열하여 불을 피우는 실험

세 가지의 물질을 계속 가열하면 성냥의 머리 부분에 가장 먼저 불이 붙고, 두 번째로 종이에, 그리고 마지막으로 나무에 불이 핍니다.

이때 물질이 스스로 불을 피우는 온도를 발화점이라고 합니다.

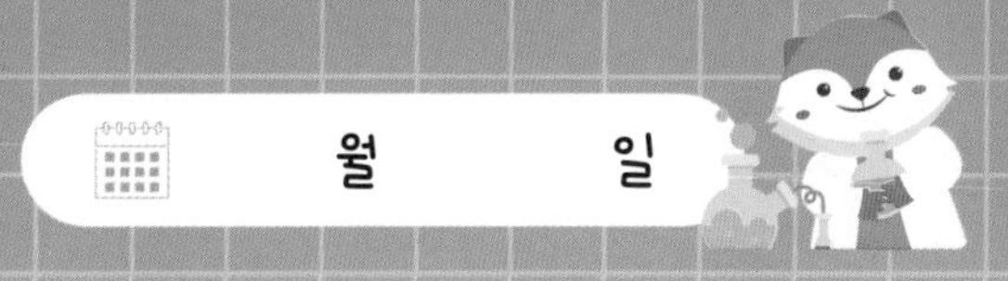

한자로 배워 봐요!

발화는 한자로 發火(발화)라고 씁니다.

발화(發火)에서
발(發)은 핀다는 뜻의 '필 발'입니다.
화(火)는 '불 화'입니다.

그러므로 발화(發火)는 '불이 핀다'라는 뜻입니다.

한자로 발화(發火)는 불이 핀다는 뜻입니다.

발화(發火)를 한자로 쓰고 소리를 내어 읽어 봅시다.

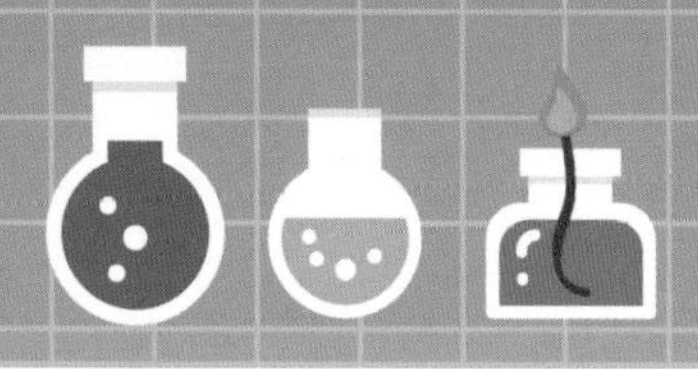

교과서에서는

물질이 타기 위해 필요한 조건을 실험으로 알아봅니다.

실험 방법은 성냥의 머리 부분과 몸통의 나무 부분을 같은 조건에서 가열해 봅니다.

실험 결과, 철판을 계속 가열하면

성냥의 머리 부분에서 먼저 불이 붙는 것을 알 수 있습니다.

이처럼 불을 직접 붙이지 않아도 스스로 타기 시작하는 온도를 발화점이라고 합니다.

교과서에서는 또 불을 직접 붙이지 않고 물질을 태우는 방법에는 성냥의 머리 부분을 성냥갑에 마찰하기, 부싯돌과 쇳조각을 마찰하기, 볼록렌즈로 햇빛을 모으기 등이 있다는 것을 공부합니다.

불을 직접 붙이지 않고 물질을 태우는 예

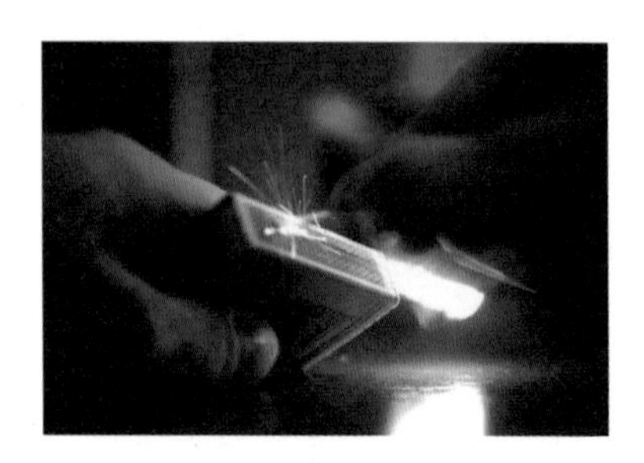
성냥의 머리 부분을 성냥갑에 마찰하기

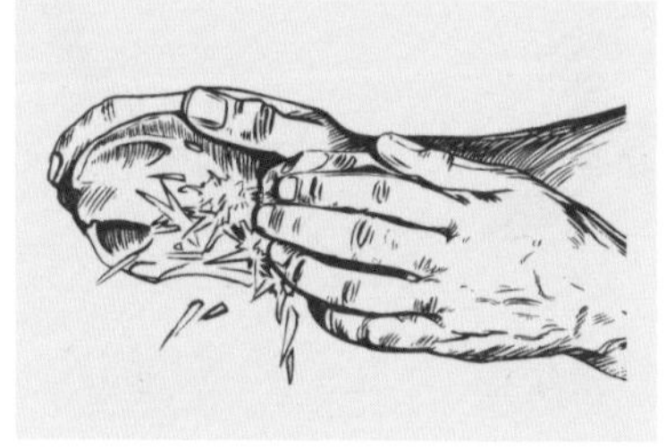
부싯돌과 쇳조각을 마찰하기

볼록렌즈로 햇빛을 모으기

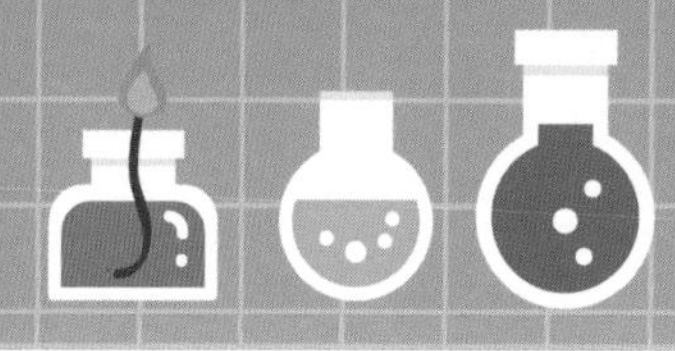

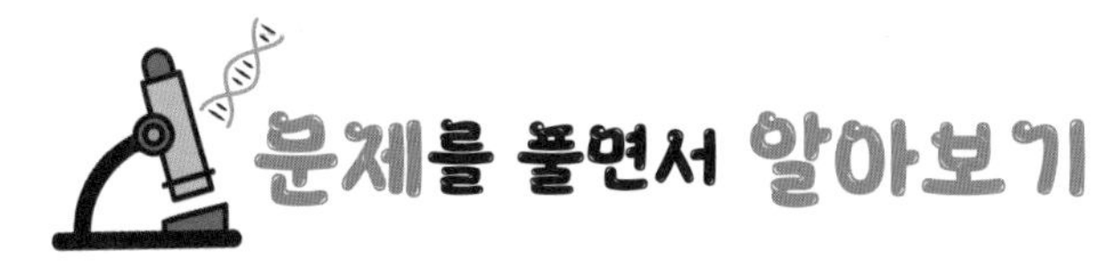

다음 □ 안에 알맞은 말을 써 보세요.

- 한자로 發火點이라고 씁니다.
- 發火는 한자로 '불이 핀다'는 뜻입니다.
- 불을 직접 붙이지 않아도 스스로 타기 시작하는 온도를 말합니다.

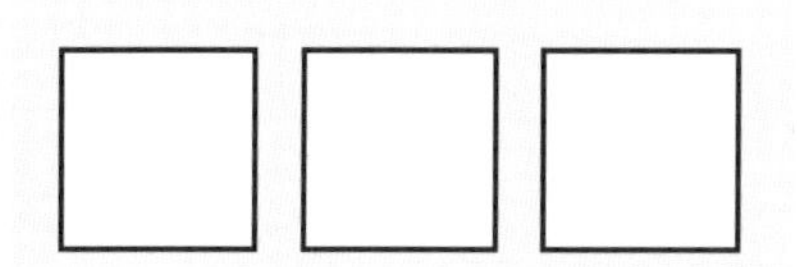

다음 그림과 글을 읽고, ( )안에 알맞은 말을 써 보세요.

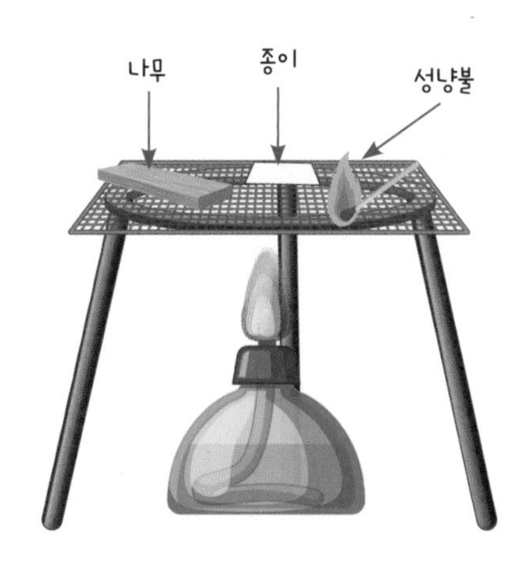

- 세 가지 물질을 계속 가열하면 성냥의 머리 부분에 가장 먼저 불이 붙고, 두 번째로 종이에, 그리고 마지막으로 나무에 불이 핍니다. 이때 물질이 스스로 불을 피우는 온도를 (　　)이라고 합니다.

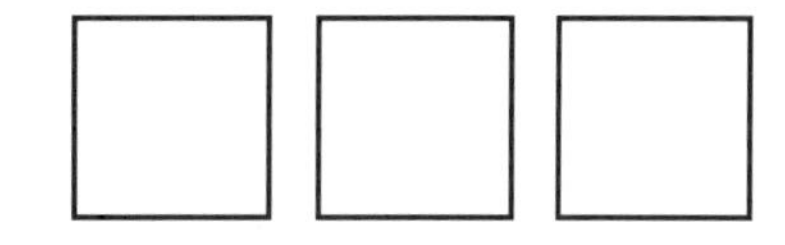

다음 중 불을 직접 붙이지 않고 물질을 태우는 방법이 아닌 것은 무엇일까요? (　　)

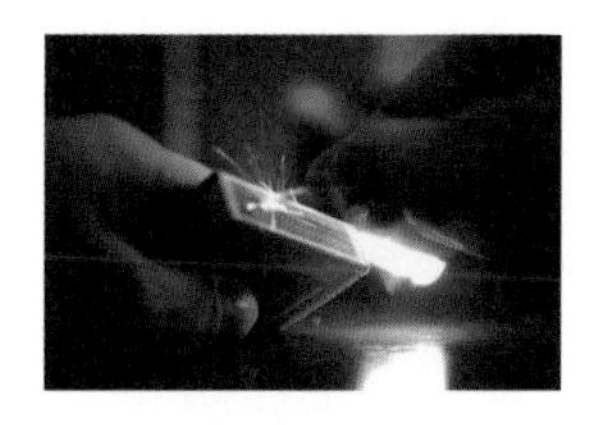
성냥의 머리 부분을 성냥갑에 마찰하기
①

부싯돌과 쇠조각을 마찰하기
②

볼록렌즈로 햇빛을 모으기
③

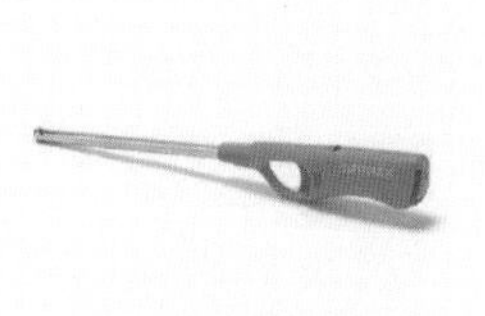
점화기로 불 붙이기
④

한자를 읽고 쓰기 연습을 해 보세요.

필 **발**

발(發)은 핀다는 뜻을 지니고 있습니다.

發 發 發 發

發

火

불 **화**

화(火)는 불을 뜻합니다.

火 火 火

火

생각하고 실천하기

날씨가 추워지는 겨울이 되면 대기가 건조하고 실생활 속에서 난방기구를 자주 사용하기 때문에 다른 계절에 비해 ❶화재(火災)가 많이 발생합니다.

화재란 불의 ❷연소(燃燒)현상으로 인해 ❸소화(消火)시설 등을 사용하여 불을 꺼야 하는 재난을 말합니다.

불은 우리 인간의 생활과 매우 밀접해 있기 때문에 생활 속에서의 부주의나 화기 등의 잘못된 사용으로 인해 화재의 형태로 우리 주변에서 자주 발생하고 있습니다.

화재는 초기에 소화하는 것이 중요합니다. 불이 ❹발화(發火)하기 시작한 후 시간이 흘러 주변의 온도가 급격히 올라가면 순식간에 연소가 확대되고 일정 온도에 다다르면 순간적으로 폭발적인 연소가 진행되어 큰 화염이 만들어집니다.

초기에 화재를 진압하기 위해서 필요한 것은 소화기입니다. 우리가 흔히 접할 수 있는 소화기의 종류로는 분말소화기, 하론소화기, 이산화탄소(CO2)소화기 등이 있습니다.

소화기들의 사용법 등을 정확히 알고 초기 화재에 대처할 수 있는 능력을 스스로 갖추어 만약에 일어날 수 있는 화재 피해를 최소화해야 할 것입니다.

❶ **화재** 불이 나는 재앙, 불에 의한 재난

❷ **연소** 물질이 산소와 반응하여 빛과 열을 내는 현상

❸ **소화** 불을 끄다, 불을 사라지게 하다.

❹ **발화** 불이 일어나거나 타기 시작함

한쏙 어휘 3-3

6학년 2학기

소화
消火

무슨 뜻인가요?

오른쪽의 사진은 소화기입니다.
집에도 있고 학교에도 있습니다.
소화기는 언제 사용하나요?
물론 불을 끌 때 사용합니다.

소화기를 잘 이용하면
갑자기 불이 났을 때 불을 끌 수 있습니다.

한자로 배워 봐요!

소화는 한자로 消火(소화)라고 씁니다.

소화(消火)에서
소(消)는 사라지게 한다는 뜻의 '사라질 소'입니다.
화(火)는 '불 화'입니다.

그러므로 소화(消火)는 '불을 사라지게 한다'는 뜻입니다.

한자로 소화(消火)는 불을 사라지게 한다는 뜻입니다.

소화(消火)를 한자로 쓰고 소리를 내어 읽어 봅시다.

교과서에서는
불을 끄는 방법을 공부합니다.

지난 시간에 배운 연소를 위한 세 가지 조건 기억하시나요?
불이 타기 위해서는, 탈 물질과 산소 그리고 발화점 이상의 온도가 필요하다고 했습니다.

반대로 불을 끄기 위해서는 탈 물질을 없애거나, 산소를 차단해야 합니다. 또 타는 물질의 온도를 발화점보다 낮게 하면 됩니다.

장작불과 촛불을 예로 들면 다음과 같이 소화할 수 있습니다.

장작불의 소화(消火)

탈 물질을 없애기

산소를 차단하기

발화점 미만으로 온도 낮추기

촛불의 소화(消火)

탈 물질을 없애기

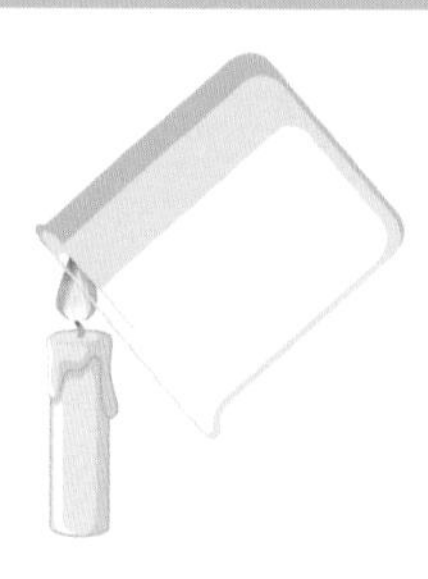

산소를 차단하기

발화점 미만으로 온도 낮추기

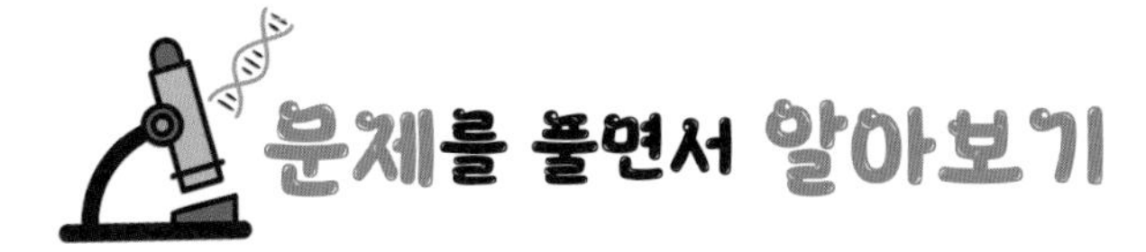

문제를 풀면서 알아보기

다음 □ 안에 알맞은 말을 써 보세요.

- 한자로 消火라고 씁니다.
- 한자로 '불을 사라지게 한다'는 뜻입니다.
- 불을 끄는 것을 말합니다.

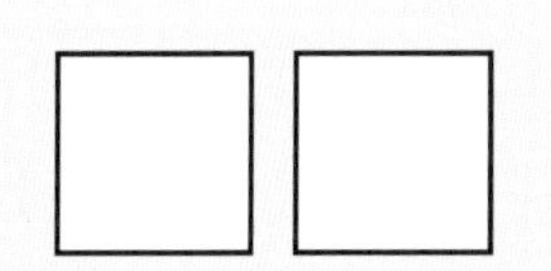

다음 중 촛불을 소화(消火)하는 방법과 가장 거리가 먼 것은 무엇일까요?

①　②　③　④

다음 글을 읽고 (　　)안에 알맞은 말을 써 보세요.

- 불을 끄기 위해서는 탈 물질을 없애거나, (　　)를 차단해야 합니다. 또 타는 물질의 온도를 발화점보다 낮게 하면 됩니다.

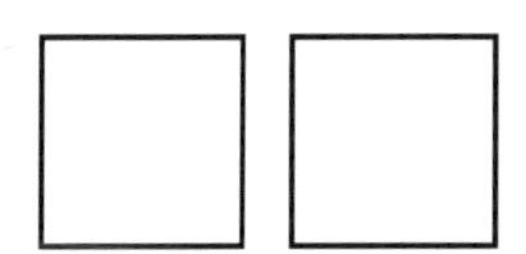

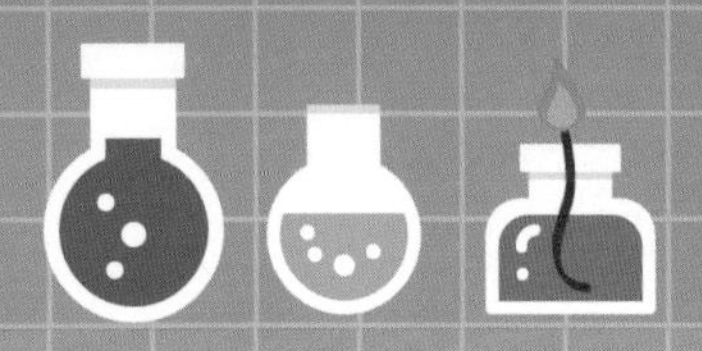

한자를 읽고 쓰기 연습을 해 보세요.

消 사라질 **소**

소(消)는 사라지게 한다는 뜻을 지니고 있습니다.

消 消 消

消

火 불 **화**

화(火)는 불을 뜻합니다.

火 火 火

火

한자를 단어로 기억해 봐요!

앞에서 배운 단어의 뜻을 기억하며 따라 써 보세요.

001

燃燒

탈 연 사를 소

연소

연소(燃燒)는 불에 탄다는 뜻입니다.

예문 불이 나서 건물 전체가 연소되었다.

燃燒

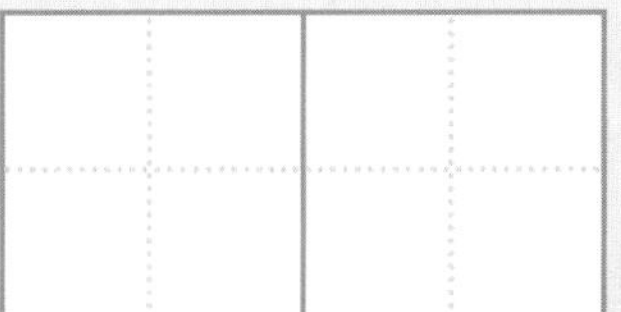

002

發火

필 발 불 화

발화

발화(發火)는 불이 핀다는 뜻입니다.

예문 발화 원인을 밝히기 위해 조사를 시작했다.

003

消火

사라질 소 불 화

소화

소화(消火)는 불을 사라지게 한다는 뜻입니다.

예문 건물 내에 소화기를 배치해 화재에 대비한다.

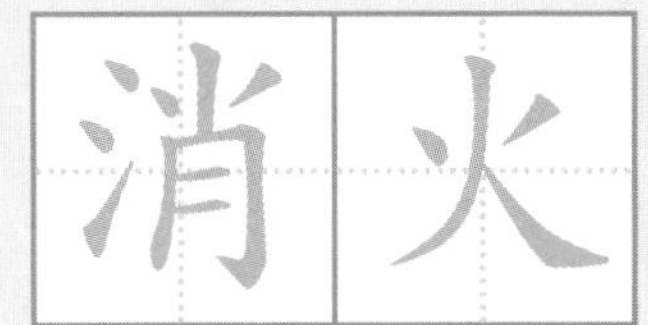

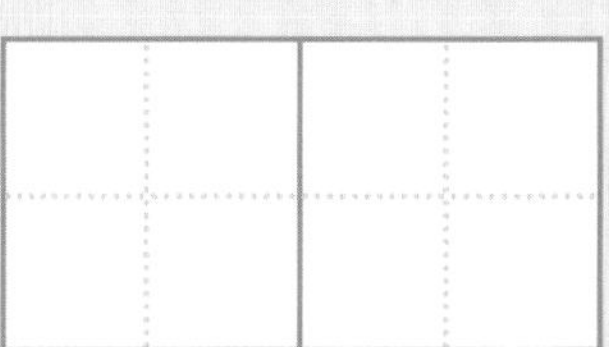

초등학교 과학 6학년 2학기
4-1
소화(消化)
4-2
호흡(呼吸)
4-3
순환(循環)
밥을 먹었으면
소화를 시켜야지!
혈액 순환이
더 잘 되는 느낌이야!

4
우리 몸의
구조와 기능

한쏙 어휘

4-1

6학년 2학기

소화
消化

무슨 뜻인가요?

지난 시간에 불을 끄는 소화(消火)를 공부했습니다.
이 시간에는 다른 소화(消化)를 알아보겠습니다.

지난 시간에 배운 소화(消火)는 '소화기'에 쓰이는 말이지만
이번 시간에 배우는 소화(消化)는 '소화제'에 쓰이는 말입니다.

모두 사라지게 하는 것이지만
소화(消火)는 불을 사라지게 하는 것이고
소화(消化)는 음식물을 사라지게 한다는 뜻입니다.

점심을 먹었는데
저녁이 되면 다시 배가 고파집니다.
먹은 음식물이
모두 소화되었기 때문입니다.

한자로 배워 봐요!

소화는 한자로 消化(소화)라고 씁니다.

소화(消化)에서
소(消)는 사라진다는 뜻의 '사라질 소'입니다.
화(化)는 '될 화'입니다.

그러므로 소화(消化)는 '(먹은 음식물이) 사라지게 된다'는 뜻입니다.

한자로 소화(消化)는 (먹은 음식물이) 사라지게 된다는 뜻입니다.

소화(消化)를 한자로 쓰고 소리를 내어 읽어 봅시다.

교과서에서 살펴보기

교과서에서는

소화란 우리가 먹은 음식물을 잘게 쪼개는 과정이라고 배웁니다.

그리고 소화에 관련된 입, 식도, 위, 작은창자, 큰창자, 항문 등을 소화기관이라고 한다는 것을 공부합니다.

소화기관은 다음 그림과 같습니다.

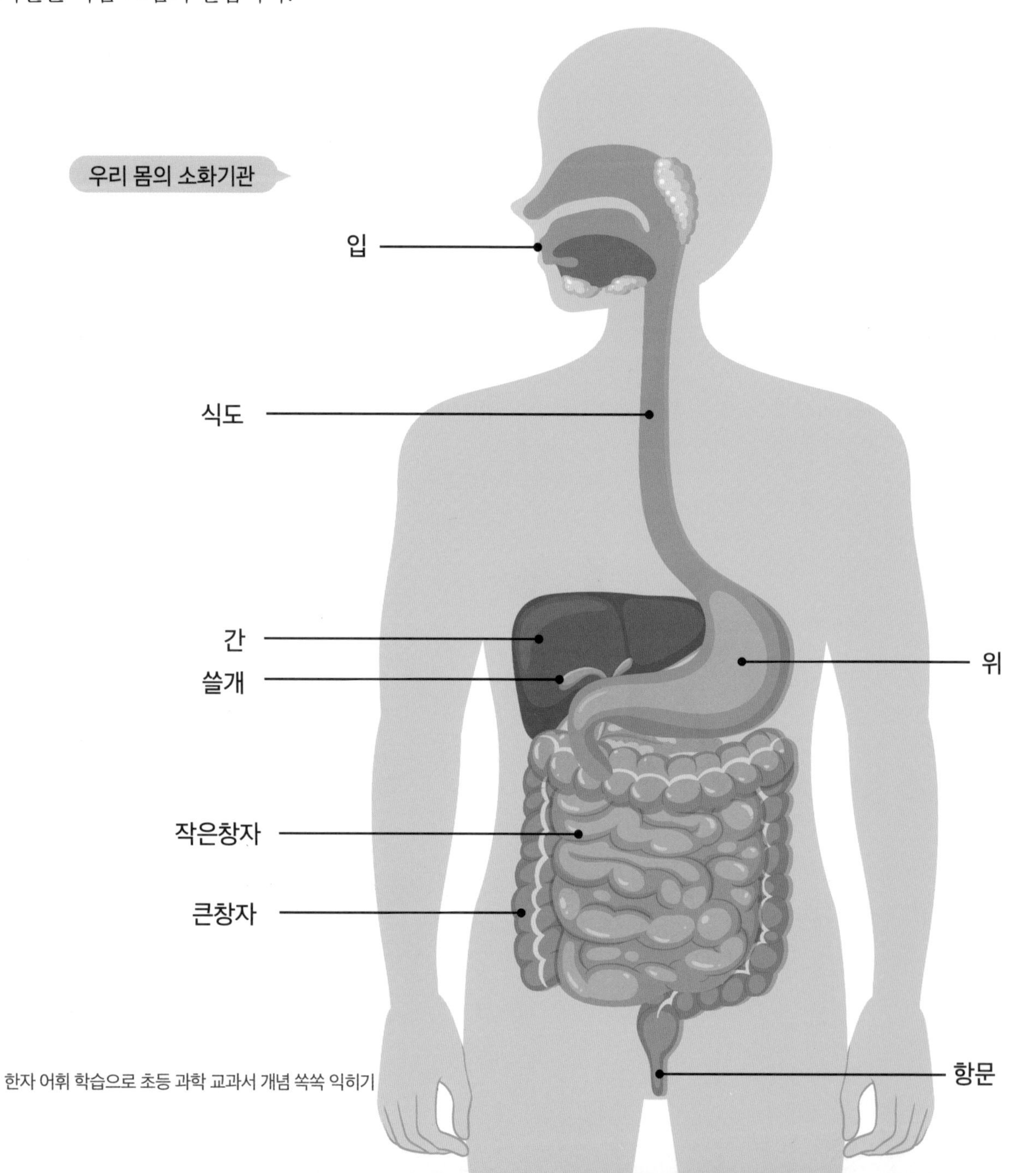

문제를 풀면서 알아보기

다음 □ 안에 알맞은 말을 써 보세요.

- 한자로 消化라고 씁니다.
- 한자로 '(먹은 음식물을) 사라지게 한다'는 뜻이 있습니다.
- 우리가 먹은 음식물을 잘게 쪼개는 과정을 말합니다.

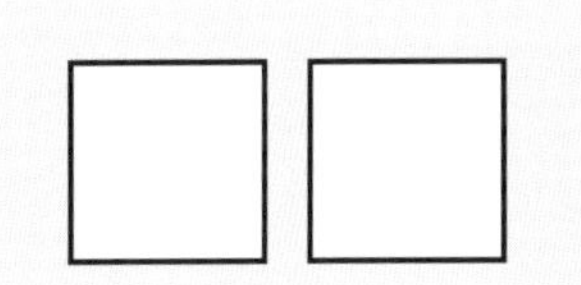

한자를 써 봐요!

한자를 읽고 쓰기 연습을 해 보세요.

化

되 화

화(化)는 '되다'나 '변천하다'라는 뜻을 지니고 있습니다.

化 化 化

化

한쏙 어휘

4-2

6학년 2학기

호흡

呼吸

무슨 뜻인가요?

숨을 쉬는 것을 호흡한다고 합니다.

먼저 한자 호(呼)를 알아볼까요?
6학년이니 혹시 호명한다는 말을 들어 보았을까요?
호명한다는 말은 이름을 부른다는 뜻입니다.
여기에서 한자 호(呼)는 '부른다'는 뜻입니다.

사람을 부를 때, 입을 통해 음성이 몸 밖으로 나가듯
숨을 내쉬면, 입을 통해 숨이 몸 밖으로 나간다고 할 수 있습니다.
그래서 숨을 내쉰다는 뜻의 한자는 부를 호(呼)입니다.

다음은 한자 흡(吸)을 알아보겠습니다.
흡혈귀(吸血鬼)는 피를 마시는 악귀를 말하죠?
그러므로 흡(吸)은 마신다는 뜻이 있습니다.

한자로 배워 봐요!

호흡은 한자로 呼吸(호흡)이라고 씁니다.

호흡(呼吸)에서
호(呼)는 숨을 내쉰다는 뜻의 '부를 호'입니다.
흡(吸)은 숨을 마신다는 뜻의 '마실 흡'입니다.

그러므로 호흡(呼吸)은 '(숨을) 마시고 내쉰다'는 뜻입니다.

한자로 호흡(呼吸)은 (숨을) 마시고 내쉰다는 뜻입니다.

호흡(呼吸)을 한자로 쓰고 소리를 내어 읽어 봅시다.

교과서에서는

호흡이란 숨을 들이마시고 내쉬는 활동이라고 배웁니다.

그리고 호흡과 관련된 코, 기관, 기관지, 폐를 호흡기관이라고 한다는 것을 공부합니다.

우리는 호흡을 통해서 산소를 받아들이고, 이산화탄소를 몸 밖으로 내보냅니다.

우리 몸의 호흡기관은 다음 그림과 같습니다.

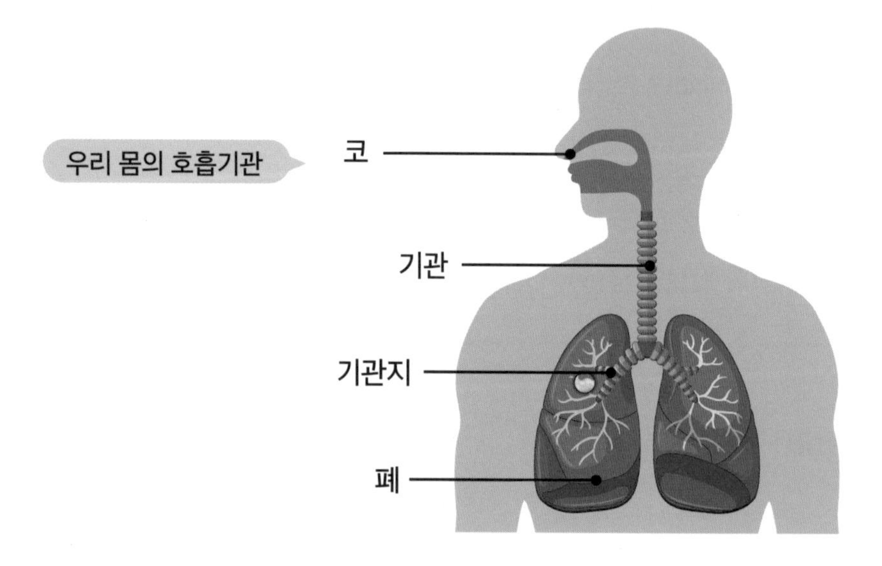

다음 □ 안에 알맞은 말을 써 보세요.

- 한자로 呼吸이라고 씁니다.
- 한자로 '마시고 내쉰다'는 뜻이 있습니다.
- 숨을 들이마시고 내쉬는 활동을 말합니다.

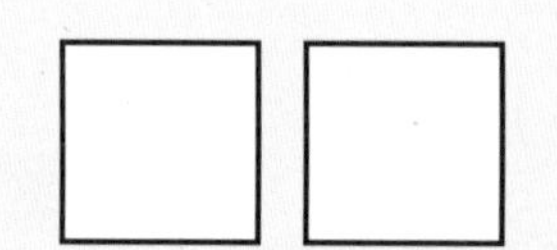

한자를 읽고 쓰기 연습을 해 보세요.

呼 부를 호

호(呼)는 숨을 내쉰다는 뜻입니다.

呼 呼 呼

呼

吸 마실 흡

흡(吸)은 숨을 마신다는 뜻입니다.

吸 吸 吸 吸

吸

한쪽 어휘

4-3

6학년 2학기

순환
循環

무슨 뜻인가요?

피를 한자로 혈액이라고 합니다.
혈액은 한자로 血液(혈액)이라고 씁니다.
여기에서 혈(血)은 '피 혈'이고, 액(液)은 '액체'를 뜻합니다.

혈액은 몸속에서 계속 돌고 있습니다.
피(혈액)가 돌고 있는 모습은 고리 모양에 비유할 수 있습니다.
아래 그림에서 피가 도는 모습과 고리 모양을 비교해 보세요.

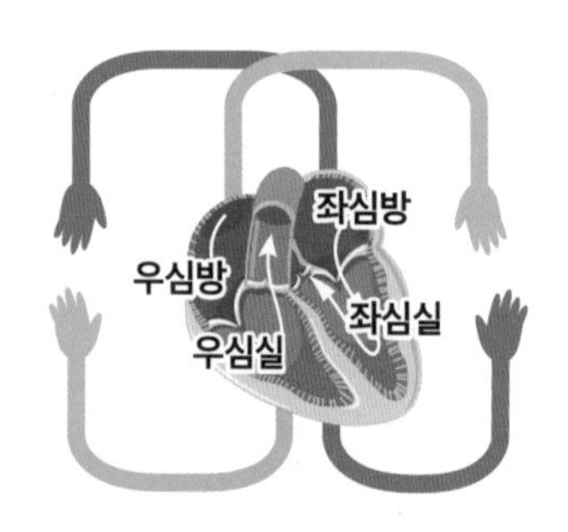

몸속에서 피가 도는 모습

고리의 모습

한자로 배워 봐요!

순환은 한자로 循環(순환)이라고 씁니다.

순환(循環)에서
순(循)은 돈다는 뜻의 '돌 순'입니다.
환(環)은 돈다는 뜻의 '고리 환'입니다.

그러므로 순환(循環)은 '(피가) 고리 모양으로 계속 돈다'는 뜻입니다.

한자로 순환(循環)은 (피가) 고리 모양으로 계속 돈다는 뜻입니다.

순환(循環)을 한자로 쓰고 소리를 내어 읽어 봅시다.

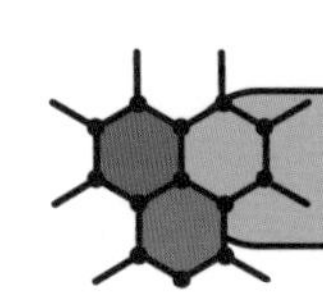

교과서에서 살펴보기

교과서에서는
소화로 흡수한 영양소와
호흡으로 받아들인 산소는
혈액을 통해 온몸으로 이동하는데
이것을 혈액 순환이라고 한다는 것을 공부합니다.

그리고 혈액의 순환과 관련된 심장과 혈관을
순환기관이라고 한다는 것을 공부합니다.
우리 몸의 순환기관은 다음 그림과 같습니다.

심장

혈관

우리 몸의 순환기관

문제를 풀면서 알아보기

다음 □ 안에 알맞은 말을 써 보세요.

- 한자로 循環이라고 씁니다.
- 한자로 '고리 모양으로 계속 돈다'는 뜻이 있습니다.
- 우리 몸에서는 혈액이 계속 (　　)하고 있습니다.

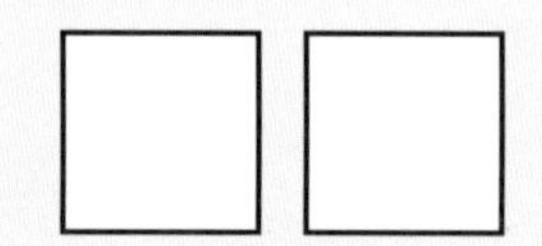

한자를 읽고 쓰기 연습을 해 보세요.

循

돌 **순**

순(循)은 돈다는 뜻으로 쓰입니다.

循 循 循 循

循

環

고리 **환**

환(環)은 '고리'나 '둥근 옥', '두르다'라는 뜻을 지니고 있습니다.

環 環 環 環 環

環

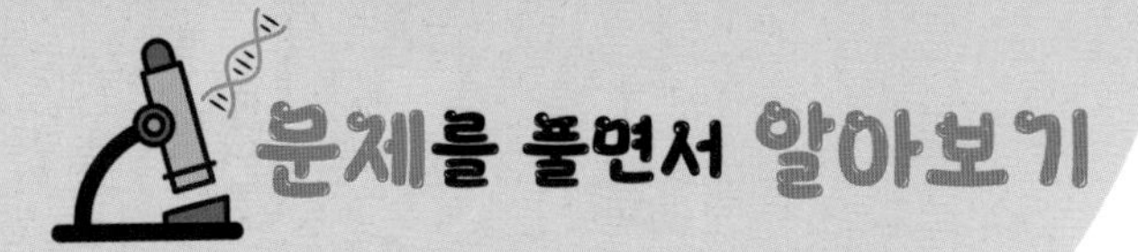

정답

6학년 1학기

1. 지구와 달의 운동

21쪽 1. 자전 2. ① 3. 자전, 공전

32쪽 1. 상현 2.

2. 여러 가지 기체

40쪽 1. 산소 2. 묽은 과산화수소수
3. ②

46쪽 1. 이산화탄소 2. 식초 3. ③

51쪽 1. 압력 2.

3. 식물의 구조와 기능

61쪽 1. 세포 2.

67쪽 1. 흡수 2. ③ 3. ④

73쪽 1. 광합성 2. 녹말 3. ④

80쪽 1. 증산, 기공 2. 물방울

85쪽 1. 수분 2. 암술 3. ①, ②

4. 빛과 렌즈

93쪽 1. 굴절 2. 생략(92쪽 참고)
3. 빛의 굴절

6학년 2학기

1. 전기의 이용

101쪽 1. 회로 2.

109쪽 1. 직렬, 병렬 2. 〈

2. 계절의 변화

118쪽 1. 남중, 고도 2. ③ 3. ②

3. 연소와 소화

127쪽 1. 연소 2. ④ 3. 빛, 열

133쪽 1. 발화점 2. 발화점 3. ④

139쪽 1. 소화 2. ③ 3. 산소

4. 우리 몸의 구조와 기능

147쪽 1. 소화

150쪽 1. 호흡

154쪽 1. 순환

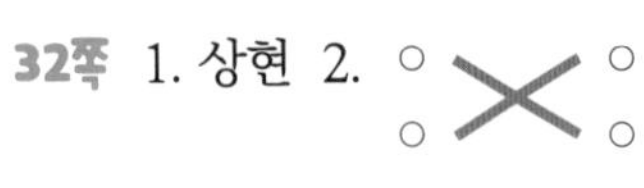

한자 어휘 학습으로
초등 과학 교과서
개념 쏙쏙 익히기
한쏙 과학
6학년